华夏文库
经典解读系列

慧眼观人生

——会心一笑《百喻经》

刘韶军 李晓明 著

大地传媒 | 海燕出版社

“华夏文库”发凡

毫无疑问，每一个时代都有属于自己时代的精神追求、文化叩问与出版理想。我们不禁要问，在21世纪初叶，在全球文明交融的今天，在信息文明的发轫初期，作为一个中国出版人，我们正在或者将要追求什么？我们能够成就或奉献什么？我们以何种方式参与全球化时代的文化传播进程？在一连串的追问下，于是，有了这套“华夏文库”的出版。

自信才能交融。世界各大文明在坚守自身文化个性的同时，不约而同地加快了探视其他文化精神内涵的步伐，世界不同文明正在朝着了解、交流、碰撞、借鉴与融合的方向前进。在此背景下，建立自身的文化自信，正是与世界各文明民族进行文化交流的基本要求。五千年中华文明与文化正在不断地被其他文明所发现、所挖掘、所认知，汉语言正在生长为世界语言，儒文化正在世界各地生根发芽。借助这样一种正在成长着的文化自信、自觉、开放、亲和之力，用我们这个时代的学术眼光全面系统梳理中华五千年的文明与文化，向其他各大文明与文化圈正面展示自我，让中华优秀文化成为世界文化的重要组成部分，正是我们出版这套文库的目的之一。此其一。

知己才能知彼。身处五千年文化浸润的今天，重新思考我们先人的人生思考、价值思考与哲学思考，找到一个民族、一个国家的价值所在、立命所在、安身所在，这已经是我们这个时代的学人与出版人不得不再思考的问题。作为中华文明的一分子，我们在思考的同时，还必须了解我们的先人创造了如何优秀的精神文明与物质文明以及社会文明。只有熟知自己的文化，热爱自己的文化，悟明自己的文化，我们才能宣说自己、弘扬自己、光大自己。因此，我们策划组织这套“华夏文库”的初衷，还在于让当下的知识青年全面系统瞭望中华文明与文化的全景，并借此能够对更为深广的世界各民族文化提供一个比较认知的基础。此其二。

顺势才能有为。我们正处在农耕文明、工业文明、信息文明的交会处，信息文明带领我们从读纸时代进入读屏时代，以智能手机屏幕为代表的书籍呈现方式正在与纸质书籍争夺阅读时间与空间。我们正在领悟数字技术，正在以信息文明的视角，去整理、分析和研究农耕文明与工业文明的文化遗产，不仅仅是为了唤醒优秀的传统文化，我们还在生发和原创着当今时代的文化。由此，我们试图架起一座桥梁——由纸质呈现而数字呈现，由数字呈现而纸质呈现，以多媒介的书籍呈现方式，将文字、图像、声音与视频四者结合，共同筑成“华夏文库”，以奉献给信息文明时代的新读者。此其三。

总之，这是一套——专家大家名家写小书；以最小的阅读单元，原创撰写中华精神文化、物质文化与社会文明系列主题与专题；以图文、音视频多媒介呈现的方式，全面介绍与传播中华文明与优秀文化，系统普及与推介中华文明与文化知识；主旨是为了让世界与中国共同了解中国的——大型丛书，借此，复兴文化，唤起精神，融入世界。

耿相新

2013年6月27日

前 言

随着佛教在中国的传播和流行，印度的典藏、寓言、传说等等也传入中国，佛教经典中多用通俗易懂的寓言故事来说明深奥的佛理，《百喻经》就是这样的佛教著名经典之一。它包含了98个寓言故事，每个故事之后都有一段简明扼要的话，根据这个故事来揭示一个关于佛教的哲理。由于《百喻经》是用寓言故事阐明某种道理，所以它又被人们称作“东方的《伊索寓言》”。

鲁迅先生非常看重《百喻经》，1914年他把该书校正后，捐资六十圆大洋让金陵刻经处刻印了一百本。1926年，北京大学的高材生王品青将该书校点后出版，鲁迅先生又为此写了一篇题记。

题记中说古代印度文化中有丰富的寓言故事，其他国家的文艺也深受其影响。随着佛教传入中国，印度的寓言故事也有不少通过佛经传入中国，这在翻译成汉文的佛经中是随处可见的。明代的刑部尚书徐元太曾广加搜辑，编成一部《喻林》。徐元太的《喻林》，现仍存《四库全书》内，但其内容不是搜辑佛经中的寓言故事，而是据古代经史子集各种书籍中的譬喻典故加以搜集。

题记中说佛经中以“譬喻”为名的书籍共有五六种，其中只有《百喻经》最有条贯，其书原名《百句譬喻经》，是印度僧人伽斯那从《修多罗藏》十二部经中抄出各种譬喻故事，汇编为一书，共一百条。南朝齐永明十年（492），中天竺的法师求那毗地又将这部经典译成汉文，认为这部经是以譬喻来解说佛法的，虽然这些故事不少是讽刺愚人的，但这正是苦口婆心之意。正如经中所说的："这就象阿伽陀药（即不死药），用树叶裹着，取到这个药之后，就把树叶弃掉。这些故事的戏笑如同外面裹着的树叶，而它们对于人们的教喻之义则在故事的戏笑之中。"王品青喜爱这些故事的巧妙设喻，于是删掉经书中的教诫部分，只留下其中的寓言故事。又因为经书末尾有"尊者僧伽斯那造作《痴华鬘》竟"的话，就根据这句话恢复它的原名，称为《痴华鬘》，仍然分成两卷印行。这部书曾被称为《百喻经》，但中间缺了两个故事，只有九十八个故事，这大概是举其成数，所以称为百喻。也有人认为是加上卷首的引言和卷末的偈颂两条，也可称为一百条。

总之，这部经书是佛教中的尊者用寓言来教喻众人，虽然其本意是要说明佛法，把这些寓言故事比喻为裹阿伽陀药的树叶，但人们在读本书时要知道这些故事不一定非按佛法来理解，那样的话，反而会有许多拘束，现在既然已经没有阿伽陀药了，那么这些故事还能裹着什么药呢？所以人们应该摆脱这种束缚来看这些故事，这样的话，就能内外洞然，智者就应这样来理解书中的故事，而不是只能按照佛法的意义来理解这些故事。

王品青只是对《百喻经》作了标点，这还不容易被一般大众读懂，所以后来冯雪峰先生又把本书的故事改写为现代口语，以《百喻经故事》为名，于1949年在上海印行。

通过鲁迅先生的题记，可以知道我们今天来看《百喻经》，虽然要知道它曾是佛陀用来解说佛法的譬喻，但这些譬喻性的故事所包含的道理则又是超出了佛教的，所以完全可以通过这些寓言故事来体会丰富的人生哲理。这就是我们今天重读《百喻经》的用意所在。

本书翻译成汉文，至今已有一千五百多年。因为它的内容是讽刺愚人的寓言故事集，所以当初汉译时改名叫《百句譬喻经》，简称《百喻经》，而在此书中则称之为《痴华鬘》。痴指书中故事讽刺的人物都比较愚蠢可笑。华即花，鬘是一种花的名字，其花金黄色，印度人常以这种花编成花环用作装饰。华鬘，指书中的故事如花环一样可观，指这些故事是引人入胜的。由于这些故事幽默有趣、讽刺辛辣精警，具有丰富的人生哲理，所以在传入中国之后，就受到中国人的普遍欢迎。

本书的“冒头”部分交代了本书的背景，据这部分的讲述，我们知道佛陀曾在中印度摩伽陀国王舍城的鹊封竹园里举行过一次聚会，参加聚会的有各路著名的比丘、菩萨等佛教人士共三万六千人，此外还有不属于佛教的学者五百人，他们也想来聆听佛法，因此就从座位上站起来对佛说：“我们听说佛的道理比什么都深奥，所以特来请教。”佛就让他们提问题，然后一一加以详明的解答。于是这五百人有豁然开朗的感觉，当场请求受戒，接受佛法。之后，当他们重新坐回到座位以后，佛就对他们说：“你们要好好听，我现在给你们说各种譬喻。”于是就为众人讲了如下的九十八个寓言故事。

本书在佛经中属于譬喻类，每篇由“喻”和“法”两部分组成。“喻”是一个简短的故事，“法”是这个故事寄托的教诫。在今天看来，我们要根据这些故事看它们揭示的人生哲理，期望由此能对现代读者有一定的人生启示。为此我们在保留书中原来的小标题后，又加上适当的说明，揭示这个故事所要说明的人生哲理。用通俗的语言讲述了故事之后，再把书中所说的佛理联系人生实际加以阐释，帮助读者更好地了解这部佛经的精要之义。

目 录

愚人食盐喻

——过度就是苦

有一个愚人，到别人家里做客，主人请他吃饭，可是他觉得菜都太淡了，并不好吃，于是就告诉了主人。主人得知后就在菜里加了一点盐，这时他就觉得菜的味道好多了。

于是愚人心想："菜不加盐就不好吃，加一点盐就好吃多了，可知美味是从盐里来的。只加一点就这样好吃，要是加更多的盐，那味道就一定会更好了。"

愚人这么想了以后，就向主人要了一把盐来，一口吞下。可是他马上就觉得太咸了，根本受不了，连忙把盐吐出来，结果连胃口也给败坏了。

这个故事是比喻不懂佛教教法的人，只是听说佛教里要人们节制饮食可以得道，于是他们也不管佛教还有更多的佛法教理，就来断食不吃饭，这样过了七天或十五天，只是白白地让自己饿得受不了，却根本不能由此而懂得佛法。这就像那个愚人以为加盐就能让菜好吃，于是干脆只吃盐，结果却使自己难受而毫无益处一样。可知佛法的内容极为丰富复杂，不是只听说其中的一两句就能全部加以掌握的。

众所周知，盐是重要的调味品，甚至有人夸张地说：美食就是加盐的学问。但这种给人带来美味的东西，也不能过度使用，一旦过了“度”，就会令人苦不堪言。其实任何事情都有它的“度”，古人说“过犹不及”，今人说“真理多跨一步就是谬误”，都是这个道理。

人们做事时之所以会过“度”，就在于人们有一颗贪得无厌的欲心。加了盐的菜肴，已经很美味了，可他还不满足，想让味道好到无以复加的地步。有了这种念头，才会做出过“度”的蠢行。在现实生活中，人们常常不能见好就收，结果也就只能大倒胃口了。

愚人集牛乳喻

——把牛奶存在牛乳房里

从前有个很愚蠢的人，准备大宴宾客，需要很多鲜牛奶，以备到时候好好招待客人。可是他又想："我现在如果天天这样挤牛奶，就会挤下很多很多，但是太多了也没地方装，况且放久了牛奶也会变质。不如从现在起不挤牛奶，把牛奶攒在牛的乳房里，等到那一天客人们来的时候，当场就可以为他们挤出很多鲜牛奶来，这样岂不更好。"

想到这里，他就把他那一头奶牛和小牛犊分开，不让小牛犊吃奶，也不再每天挤牛奶了。

过了一个月，到了请客的日子，来了很多的客人，他把奶牛牵到客人们的面前，准备为客人们挤鲜奶。可是想不到这时奶牛的乳房已经干瘪了，一滴牛奶也挤不出来了。客人们知道了原因之后，都讥笑他的愚蠢。

这个故事是说有一种愚蠢的人，他想着我既然信佛了，就要对别人施舍财物，可是又说："等我发了大财的时候，然后再来好好地向人们布施。"可是他积攒下的钱财，要么被官府征收税赋，要么发生水火灾害而丧失，要么被盗贼偷去或抢夺，要么自己突然丧命，这就根本来不及施舍。这种人与那个平时不挤牛奶想一次挤出许多牛奶的人一样愚蠢可笑。

忽视自然规律，往往好心办坏事，由此看来，处理任何事情仅凭良好的愿望是不行的，必须考虑事物的方方面面。平时舍不得用，到关键时刻就上不得场。所以平时要用平常心去做事为人，这本是一种锻炼。有的人平时小事不做，到需要干大事时，又一筹莫展。这与那个宴请宾客的主人，又有什么区别！

要做有益的事，就要从平时一点一滴做起，不要幻想着某一天做出惊天动地的大事业。没有平时的点滴积累，不可能有伟大事业的成功。有不少人平时并不努力，只想到需要的时候再来加倍努力奋斗，可是这样的时候其实就在平凡的每一天每一刻之中，平时不抓紧，最终就会一事无成。而且平时没有努力奋斗的习惯，真到自己认为的重要时刻了，也根本做不到真正的努力奋斗，只能白白地错失良机。

以梨打头破喻

——自以为是的傻瓜

从前有个傻瓜，是个秃子。一天，有一个人看他没有头发，就用一个梨去打他的头，打了一下又一下，结果头皮被打破，血也流了出来。但这个傻瓜却默默地忍受着，既不抵抗，也不逃走。

当时有另外一个人看到这一情况，于心不忍，就对傻瓜说："你怎么只是站着挨打呢？如果不敢还手，也可以逃走呀！看你满头都是血！"

傻瓜却回答说："像他这个人，骄横傲慢，倚仗蛮力，人又愚蠢，没有一点智慧，见我的头上没有头发，就当是一块石头，好像可以随便用梨来打。而其实不然，这是我的头呢，终于打出血来了。你看，他真是一个大傻瓜啊！"

那个富有同情心的人听了这话，十分生气，责骂傻瓜说："你自己是傻瓜，还说别人是傻瓜！你如果不是傻瓜，为什么既不还手，也不逃开，只是站着不动，让他拿梨把你的光头打得流血呢？"

这个故事是譬喻佛教修行不深的人，对于佛教，不能坚信不疑，不能遵守戒律，不能虚心听人讲法，不能掌握佛教的智慧，只是追求外在的威仪，想以此获得利益好处，就像这个愚人被人打破了秃头还不知躲避，反而说别人打他的秃头是痴呆。那些没有掌握佛家智慧的人，对问题的认识就会像这个秃子一样自以为聪明，其实却是极大的愚蠢。

生活中常有很多傻瓜自以为很聪明，把别人当傻瓜。实际上任何把别人当成傻瓜的人，自己首先就是个傻瓜。如果谁相信了一个傻瓜的话，那他就更是傻瓜了。人们之所以不能与傻瓜达成共识，就在于看待事物的逻辑不同。你看，傻瓜与聪明人的对话，各有各的道理，结果谁也说服不了谁，相互不能沟通。人在世上，要与他人沟通，首先必须了解别人的逻辑，这也就是所谓的将心比心，最后才能心心相印。

妇诈称死喻

——女人的反复

从前有个愚人，娶了一个很漂亮的老婆，他爱她简直爱到了极点，在他心中，似乎世界上只有这一个女人最可爱。可是他的老婆却不是一个正直诚实的人，在和这个愚人过日子的同时，还和别的男人有来往，并且十分放浪，准备抛弃自己的丈夫，和别的男人私奔。

于是这个女人趁丈夫不在家的时候，秘密地对邻居一个老太婆说："我跑了以后，请你设法弄一具妇女的尸体放在我家中，等我丈夫回来，你就告诉他说是我死了。"

老太婆听信了这个女人的话，在她走后果然弄了一具女尸放在她的屋里。

话说丈夫回来后，听了老太婆的话，也看见一具女尸，就相信自己恩爱的老婆已经死了，不禁万分悲痛，准备了很多柴火燃油把尸体火化了，把骨灰盛在一个袋子里，无论白天黑夜都把袋子揣在怀里，以表示对亡妻的思念。

那个女人和别人私奔之后，天长日久，也慢慢觉得厌倦了，想起以前丈夫对她的种种好处，就回到了从前的家。

到了家中，她对丈夫说："我是你的妻子。"

丈夫回答说："我的妻子早已经死了。你是什么人，竟敢跑来胡说是我的妻子？"虽然妻子再三说明缘由，无奈丈夫就是不信。

这个故事譬喻那些不信佛法的人，在听说了其他的邪说之后，就完全相信了，而对真法却产生了疑惑，认为他所听到的那种邪说是真实的道理而永远不能改变，这时他就算听到了正确的教义，也不会相信了。

痴情的人太痴情，负心的人太负心。常言道：痴情的女子负心的汉，今也见还有负心的女子痴情的男。好在是负心女弄巧成拙，足可证天道至公。这个故事说明，心里的执着可以改变人们对事实的看法。那个丈夫对妻子执着地爱着，便把谎言与假象当作了事实，以至事情真相展现到面前时，也无法认同。看来执着心有好处，也有坏处，关键看你如何运用。

确实有不少人一旦相信了某种说法，就坚信不疑，而对其他的说法再也不肯相信。这种人其实是没有自己的独立思考，只听信别人的某种说法而已。如果自己有独立的思考，就不会受他人说法的影响，而对事实弄个一清二楚，最终根据充分的事实与理据形成自己的结论，而不是盲目地听信别人的某种说法。世间对于不少事情总会有各种各样的说法，许多说法其实都是一面之词，人们不能轻易相信和接受。应该养成一种探索事实真相的习惯，才能不受别人说法的欺蒙。

渴见水喻

——喝不完就一口不喝

有个傻瓜，一天在外面赶路，天热口渴，非常需要水喝，甚至看到远处河面上蒸腾的雾气，都说是水，就赶忙向前奔去。

跑了一会儿，终于见到了一条大河，河水滔滔，非常清澈。然而在这个时候，傻瓜只是呆望着河面，并不下去喝水。

旁边的人看见了觉得很奇怪，就问他："你口渴找水喝，现在找到了，为什么又不喝呢？"

万没想到傻瓜回答："这么多的水，如果能够喝得完的话，我自然会去喝。现在既然怎么也喝不完，我干脆一口不喝算了！"

这个故事譬喻不信佛教的人在选择人生道理时走了一条邪路，因而让自己不能接受佛教的义理，结果就使自己不能获得真理以摆脱自己的苦难。就像那个愚人，看到水了却不喝。在这个故事里，愚人想找水，这是比喻人想求得真理；他找到了大河，是比喻他看到了佛教的道理，但他对大河的水产生了一种错误的想法，即认为不能喝完，所以就不想喝。这是比喻他不能全部掌握佛教的教理，于是他就放弃研究佛教。在佛陀看来，人找水喝，就像人信仰佛教一样，这要根据自己的需要来从佛教中获取适合自己的教益，不能因为佛教的博大精深而觉得无法全部掌握，就放弃探讨佛教的道理。世间确实有不少人会认为佛教太深奥了，于是不再探讨其中的道理，这就像愚人来到河边却觉得既然喝不完，干脆就一口水也不喝一样。

这个傻瓜本来是把喝水解渴当作目的，现在却把喝干河里的水当作目的，难怪其傻。这个故事同时也告诉人们，不能因远大的目标看似渺茫不可实现，就连眼前的小目标也不愿去追求了。

这个故事还说明了一个道理：人们的心情往往随着面临的形势而改变，有时甚至变得连自己也莫名其妙。没有水的时候，一口水也可使他满足；有了水的时候，他却产生了更高的欲望。过高的欲望一产生，就使他丧失了自我，思维也变得糊涂起来。

子死欲停置家中喻

——再杀一个儿子凑担子

从前有个愚蠢的人，有七个儿子，其中一个儿子有一天死掉了，这个人想把死了的儿子停置在家中，自己和家里其他人离开屋子，搬到远处去。

他的邻居看到这一情形，就对他说："人死了就应该赶紧收拾妥当，送到远处埋葬。怎么能把死人留在家里，而让活人离开呢？"

当时这个人听了这话认为有道理，自己寻思道："既然死人不能留在家里，应当送出去埋葬，那就应当再杀一个儿子，凑够一副担子，这样才能顺利地挑到远处去。"

他于是又杀了一个儿子，和那死了的儿子凑成一担，挑到远处田野中去埋葬了。

人们见他这样做，都嗤笑他的愚蠢，认为这是从来没有过的事情。

这个故事譬喻信佛的人私下违犯了一条戒律，心中害怕而想改悔，却把犯的罪过藏在心里，不肯在佛、菩萨、师长和大众的面前加以忏悔，只是说由自己来改正过失。有人知道了这个情况就对他说："出家之人应该遵守戒律，这就像保护明珠不让它受损和失落一样。你现在违犯了佛教的戒律，却想不做忏悔，这怎么可以呢？”犯戒的人就说：“如果必须忏悔，那就等我再次犯了这个过失后再来向人忏悔。”他用这样的理由让自己违犯了戒律也不做忏悔，这在佛教里就称为“破戒”，而一旦第一次破戒，以后就会不断破戒，做出越来越多的不善的事，到那时他才一齐说出来向人忏悔，但因积恶太多，早已不可改正了。这就像那个人死了一个儿子不及时殡葬，却还要再杀一个儿子来凑担子一样，是没有把第一次的破戒当作重大之事来对待，不能及时制止，以后就更难停止作恶了。

这个故事所说的显然不是父杀子的残忍，而是说办任何事情都需要条件，但为了这个条件所花的如果超过了事情本身的代价，就是一种愚蠢的行为。已有的事物，往往束缚了人们的头脑，使他们不能开阔视野。已死的儿子就是这已有的事物，它使父亲只想到用同样的东西与之配对，于是杀死另一个儿子来凑担子。若能打破已有事物对自己头脑的束缚，他就会开阔视野，想到别的东西。人们常说的思想僵化，与此极为相似。

事情不管做得对或不对，都应及时总结。做错了就在人前加以承认和忏悔，做对了也要加以总结。这样才算把一件事做得彻底和完整。对于自己做的事，不及时总结，以后就会对做事的是与非、得与失、正与误越来越模糊，时间长了，人就变得没有是非感和荣辱心，于是做得对也不知对在哪里，做得不对也不知错在哪里，这样做人做事，就是糊涂的人生，犯了大罪也不知原因，到那一天再忏悔就来不及了。而且这样做人，也不可能做成什么好事，成就什么伟大的事业。

认人为兄喻

——钱就是哥哥

从前有个人，长得风流倜傥，也很聪明，又有很多钱财，没有人能超过他。

当时有一个愚人，看到这个富人如此风光，就对人说："他是我哥哥。"他之所以称富人为哥哥，是认为富人有钱财，需要的时候可以向富人借钱用。

但不久，他看见这个富人在向别人还债，就又对别人说："他不是我的哥哥。"

旁边的人就说："你这人怎么这样反复无常，为什么要用钱的时候称他为哥哥，看到他欠了别人的债却又说他不是你哥哥了？"

这个厚颜无耻的人回答说："我是因为想用他的钱财，所以才认他为哥哥，实际上他并不是我的亲哥哥。如果他欠了别人的债，就说他不是我的哥哥了！"

这个故事譬喻那种不是真心相信佛的人，听到佛说得好听的话，就窃为己有，经常拿来炫耀。可是等别人让他切实去按佛的道理去做的时候，他又死活不肯真正地加以践行。他这样做，只是为了自己的名声等方面的好处，或者是为了向人炫耀。如果不真正践行佛的教诲，又怎么说得上是信佛呢？这就好比那个因为别人有钱就称之为哥哥，又因别人要还债了则说不是自己的哥哥的人一样，一切都以自己的利益为转移，而根本不管什么道义和为人的原则。

书中称这个人为“愚人”，其实他并不愚，而是“鬼精”。现实生活中，认钱为父、有奶便是娘的例子不少，这在不少人看来是聪明的举动，但在佛看来，则是极大的愚蠢。因为人生在世是有一定客观准则的，这是不能随意违背的。如果时时事事都像变色龙一样变化无常，恐怕不久就会被人们所鄙弃，这对他的利益来说，究竟是好还是不好呢？这是非常明白的。

故事中拿人格和尊严换取利益的这个人，还算坦率，比起那些口是心非的伪君子来，毕竟容易让人知道他是怎样的人，以便提防他。故事中没有提到这位富人的态度，既然他“人很聪明”，大概是不会上当的。

人格与尊严，有时会因为钱财而改变其价值。一个人不管他本来是怎样一个人，一旦有了钱，他就可以用钱财把自己的外表装饰起来，好像就是个正人君子了。那位富人及这位想富而未富的无赖，都有可能成为这一类“正人君子”。到那时候，世人还会指责他的“人格与尊严”吗？

山羌偷官库衣喻

——颠倒衣裳

在从前的时候，有一个山羌地区的小偷，偷偷地潜进王宫，在国王的衣库里偷了一些衣物，之后就逃得远远的。国王派了很多人四处追查，终于把他给抓到了。人们把他押送到国王的面前，国王审问他从哪里偷的衣服。这个小偷不承认衣服是从国王的衣库里偷走的，就回答说："这衣服是我祖父传下来的。"

国王就让他把这些衣服穿起来看看，因为这些衣服本来就不是这个人的，所以他不知道穿法，结果应当穿到手上的被他穿到脚上了，应当穿在腰上的又被套在了头上。

国王看完这一切，就当着众大臣的面对小偷说："如果是你祖父传下来的旧物，你应该知道穿法，为何颠倒衣裳，把该穿到上面的穿到下面去了？从你不知道穿法这一点看，这些衣服一定是从我衣库中偷的，绝对不会是你祖上传下来的旧物。"小偷对此只能哑口无言。

这个故事把国王比喻为宝贵的佛法，而把愚痴的山羌小偷比喻为不信佛的人，他们偷听了佛法，以为是宝贝，于是偷窃了据为己有，但并不真正懂得佛法。如果有人让他们讲一讲佛法，他们就会把佛法的内容讲得颠倒错乱，让真正懂佛法的人一看即知道他们并不真懂佛法。

对于自己不懂的东西，觉得在别人手里非常美妙，而采取卑劣的手段加以窃取，但由于不懂得它的奥妙所在，所以并不能真正掌握。只有真正用心学习并加以掌握，才能把一个好东西真正学到手。世上有不少人对不少学问并不曾真正用功学习或研究过，但也要为了招摇撞骗而冒充为内行。对于不懂的人来说，他们这样做还能骗到不少人。但被真正的内行一看，就知道他是一个骗子。所以对于这种骗子，只有一个办法可以揭穿他们，那就是让他们把所讲的东西真正演示一番。俗话说，事实胜于雄辩，一切让事实说话。在古代，破解一些疑案的最有效的方法，就是抓住事情的关键。其实，处理其他事情，道理又何尝不是如此。把别人的好东西“偷”过来，却不会用这个好东西，这才是最大的悲哀！所以，“学习”别人的长处，是可嘉的优点，而把别人的长处消化为自己的东西，这才是真正的成功。

叹父德行喻

—— 赞美不要过分

有一个人，在众人面前赞美自己父亲的高尚品行，他说："我的父亲是仁慈的，他没有伤害过别人，从来不偷不抢别人的东西，为人耿直，说老实话，并且常常乐善好施。"

当时有个蠢人在场，听了上面一番话，就想也应该借此机会赞美一下自己的父亲，于是就对众人大声说："我父亲的高尚品行远远超过你父亲。"

大家就问他具体有什么品行，他接着说："我父亲从小以来就断绝性欲，从来不做男女之间那种事情。"大家听了哄笑起来，就问他说："如果你父亲真的这样，那么你又是怎样生出来的呢？"

不少人为了取得别人的欢心，有时就会不顾一切地称赞别人，希望让别人高兴，但由于没有智慧，他的称赞之言反而会说过了头，得到相反的效果。可见，好话说过了头，就会留下很多漏洞，甚至变成谎言。评价任何事情都应该恰如其分、留有余地，否则总是难圆其说的。人们之所以要说大话谎话，在于他有一颗私心。若无私心，自然不必说大话、谎话，也就可以避免干出许多蠢事。私心越重的人，越是会干出于己不利的事。无私而真诚的人，反而会得到人们的尊重。从长远的观点看，无私才是做人的根本之道。

三重楼喻

——不打基础不行

在古时候，有一个很有钱又很愚蠢的人，简直愚蠢得一塌糊涂。一天，他到另外一个富人的家里去，看到这家盖了一栋三层楼房，十分高大宽敞，非常漂亮。当时他心里很羡慕，就想："我的钱财不比他少，怎么以往就没想到建一栋这样的漂亮楼房呢？"

于是就喊来一个木匠，问他说："你会建像这家这样的漂亮楼房吗？"木匠回答说："这栋楼就是我建的。"这个愚蠢的人当即就吩咐木匠说："现在你要为我建造一栋像他家一样的楼。"

随即，木匠就在家丈量土地，垒起土坯准备建楼。这个愚蠢的人看到木匠垒起土坯要建房子，就怀疑这个木匠是头脑糊涂不能理解他的意思，就问木匠："你这是干什么？"

木匠回答说："建三层的楼。"

这个愚蠢的人又说："我不想要下面两层房子，你先替我建最上面的一层。"

木匠回答说："天下哪有这样的事，哪能不建最下一层而建第二层的，不建第二层又怎么能够建第三层呢？"

这个愚蠢的人最后还固执地说："我就是不要下面两层，你一定要为我建最上面一层。"

这个故事譬喻佛家修行中不能坚持不懈践行佛理的人，有些修佛的人懒惰懈怠，不想从基础开始，只想马上修成正果。用这种态度学佛，是不会真正学好修成的，和这个只想要第三层楼的愚人一样。

这则故事与中国成语“空中楼阁”的文化意蕴相同，都是讽刺那些不切实际的美妙幻想。同时也说明，干任何事情，都必须从最基本的东西着手，循序渐进，任何超越程序和规律的想法，都是愚蠢的。

一切美好的事物，都不是一个早上就能完成的，人们只看到了别人成功之时的美好，却不知道别人为了这一天的成功而付出的辛苦与努力。承认别人比自己的好，这还是可取的态度，若只想把别人最好的那一点生搬过来，而把与这一点相关的其他部分全部放弃不顾，就不可能真正学到别人的长处。要学习别人的长处和先进，必须全面地了解和研究别人为什么能有这种长处，如果不是这样透彻地了解别人的长处，只想把人家最好的地方学到手，按这种逻辑学习先进，最终只能闹出同类笑话。所以真心要学到别人的先进之处，必须原原本本，老老实实。

婆罗门杀子喻

——愚蠢的证明

从前有个婆罗门贵族，自以为充满智慧，对于占星术及各门技艺无不精通。既然自我感觉十分良好，就想找机会露一手，于是就到了另外一个国家，抱着自己的儿子站在路边哭。

过路的人就问他："你为什么哭啊？"

这个贵族说："我现在抱的这个小儿子再过七天就要死去，我可怜他早夭，所以才哭。"

人们对他说："人的寿命难以预料，计算也容易出毛病。也许到了第七天人不会死的，为什么要提前哭呢？"

这个婆罗门贵族说："日月可以暗淡，星辰可以落下，而我的推算却从来没有错过。"表现得很自信。

为了名和利，到了第七天，他自己把儿子给杀了，以向世人说明他的说法没有错。

当时很多人在七天之后听说他的儿子果然死了，都感叹地说："真是一个充满智慧的人，说出来的话一点没错。"于是都佩服得不得了，纷纷前来向他表示由衷的敬意。

这个故事譬喻佛教的一些信徒把佛教当作求得利益的敲门砖，并没有认真下苦功研究佛教，就向人们声称自己已经得道。这里面就有一种炫耀的意图，因而是一种不好的德行。为了让人羡慕，不惜说谎和欺骗，而不惜一切代价，这就会走到愚蠢可笑的地步。像这个以杀了儿子来证明自己能够预见未来的婆罗门，就正是这种人的典型代表。中国有句古话“利令智昏”，这个婆罗门声称自己有预见能力，为了让人相信，这就是一种利。没有真正弄懂佛法的人声称自己已经得道，以此招摇撞骗，这也是一种利。为了获得这些利，本来正常的人也变得智慧低下而成了愚人。世间被利弄得头脑昏愚的人并不少见，不少人眼里只看到利，而不能看到害，于是会做出许多类似这个婆罗门一样的愚蠢行动，结果不仅没有得到利，反而会使自己受苦得害。这个故事就是要人在利的面前不要冲昏了头脑，保持冷静，才能不做蠢行。

一些人为了神化自己，要表现自己在某一方面具有特别的能力，以此来欺骗众人，往往是什么事情都能干得出来的。但这样做只能暂时蒙蔽一部分人，并且要付出一定的代价，最终还只能落得以害己告终的可悲下场。“赔了夫人又折兵”，徒为天下添笑料。然而更可笑的是，这种人到死也不认为自己蠢，总以为自己最聪明。

煮黑石蜜喻

——越扇越热

有一个人，正在家里熬一种很好吃的黑石蜜。这时一个富翁来了，他巴结富翁，要请富翁吃糖浆，就舀了一些糖浆到小锅子里，加了一点水，再把小锅子放到火上去煮。火很猛，不一会儿糖浆就滚了，他又怕富翁等不及，连忙拿扇子去扇，希望能把糖浆马上扇凉。没想到慌忙中忘了把锅从火上端下来，结果扇了半天，糖浆反而沸腾了。

这人满头大汗地边扇边埋怨，为什么今天糖浆专和他作对？旁边的人对他说："埋怨糖浆有什么用？小锅下面的火烧个不停，你又扇个不停，它怎么能凉得下来呢？"

这个故事是譬喻不懂佛教的人，不能从根本上灭掉自己心中的烦恼之火，只是模仿佛教僧人的苦行，以为通过苦行就能得道成佛。这种人在佛陀看来，就是自身之中的烦恼之火不知去掉，却想着得到清凉寂静之道，这是根本不可能的。

从世人的角度看，有些人做事顾此失彼，总是忙乱不已，最后还是做无效劳动。没抓住问题症结的人，往往是事与愿违。分清主次，抓住本质，才是根本上解决问题的方法。中国有一句名言："与其扬汤止沸，不如釜底抽薪"，可谓至言。

说人喜嗔喻

—— 现场证明

从前有许多人，坐在一间房子中，谈论某人的品行。其中一个人说道："说起这个人，一切都不坏，就只有两样不好：一是好发脾气，二是做事太鲁莽。"不料他谈论的这个人正好从门外经过，听到了这番话，马上就气不打一处来。他一脚踹开门，走进屋里，抓住那个说自己坏话的人，举拳就打。

一旁的人问他为什么打人，他回答说："我今天要问问他，我究竟什么时候好发脾气、做事鲁莽，倒让他说我经常这样？所以我要揍他。"一旁的人异口同声地说道："以往就不去说它了，你这坏毛病现在不是得到证明了吗？"

这个故事譬喻世间的饮酒之人，沉迷于饮酒，为此做出许多荒唐的事，不能过正常人的生活。人们一旦批评他，他却不承认这是一种不好的行为，反而为此生气，于是他就想证明过度饮酒没有坏处，以反驳别人的批评。这个听到别人批评自己的人，不去思考自己的不足之处，反而对批评他的人产生怒气，甚至为此做出更为荒唐的事情，去打别人。可知不能正视自己的不足，就是一种愚蠢，而由此产生的痛恨甚至要打人的行为，就不但是愚蠢，而且是荒唐了。

杀商主祀天喻

—— 向导不可杀

从前有一批商人，要到海上去做生意，但不知道如何到海上去，必须找个向导。于是大家一起四处寻找，终于找到了一个向导，请他带路，当即就出发了。

他们路经茫茫的荒野，荒野中有一处祭祀天神的庙宇，据说必须要杀一个活人祭天以后，才能通过此地。这批商人聚在一起商量说："我们这伙人都是一块儿出来的，又都是亲戚和同乡，怎么能够杀来祭天呢？只有这个向导是个外人，正好可以祭天。"于是他们就把向导杀了去祭天了。

刚刚祭完天不久，他们就迷了路，不知往哪里走好，走了许多天也走不出荒野，最后都困死在荒野里。

这个故事譬喻一些人不知道如何才是真正的佛法修行。他们想进入佛教的广阔天地，就像要去海上取得珍宝，为此他们必须按照佛教的规矩修行善法，就好比是前去大海的向导，以此作为自己的导师，以求真正弄懂佛教的道理。但他们却不明白这一点，在遇到某种利害冲突时，就毫不犹豫地抛弃了佛教修行的善法，回到平常不合佛法的做法上去。如果这样来求佛法，那永远不会得到佛的佑护。就像这些商人杀死了向导，又怎能到海上找到珍宝呢？

人生本来就有许多令人迷惑的事情，应该虚心地向圣贤求教，真心相信他们的至理名言，好好地体会其中的意旨，以此来消除自己在人生中的迷惑。但人们在许多具体的现实利益面前，就会忘掉信仰，忘掉应该遵守的规则，这也像为了去海上寻求珍宝而杀掉向导一样，他们最终不会到达海上而获得珍宝，就是必然的结局。

世间还有些人只知爱惜自己，而不能善待他人。为了个人和小集团的利益而不惜牺牲别人，到头来还是损害自己。因为自己和别人都是这个社会的“共生之物”，是相互依存的，失去了一方，另一方就很难生存。道理人人懂，但做起来不容易，原因就是受到损害或走向毁灭的双方有个先后时间问题，使人不容易把二者放到一块儿去联想。不过，若能常常以史为鉴，从前人的经验教训中增长一点见识，也许会少干一些类似的蠢事。

失与得总会是同时存在、互相平衡的，当着眼点在于短浅的小处，那么就必然会失去得到恒久真理的机会。

医与王女药令卒长大喻

——愚笨的国王

从前有一个国王，王后刚生下一个女儿，国王很爱这个女儿，希望她立刻长大，于是就叫来一个医生，对他说："你给我一种药吧，使我的女儿吃了之后马上就长大。"

医生回答说："我若给了你女儿这种良药，她吃了之后就能马上长大。但现在手头没有这种药，必须得去寻找。不过请大王也答应我一个条件：在我去采药期间，大王不要去看公主。等我采药回来给她吃了，再把她带给大王看。"国王听了这话，满口答应。

医生便到远方采药去了，这一去就是十二年。他得了药回来，给公主吃了，当即就把她带到国王那里。国王一见，喜欢得不得了，自言自语地说："这真是一个好医生啊，我女儿一吃了他的药，立刻就长得这样大了！"

随后，命令左右近臣赏赐给医生很多珍宝。当时很多人都暗地里嘲笑国王的无知，竟然不晓得算一算公主的实际岁数，只是突然见她长得这么大了，就认为是吃了药的结果。

这个故事譬喻世人往往就像这个国王，他们也会找到有知识的高人向他请教，提出自己的要求，想让高人马上就授予自己同样的智慧。高人知道这种人不想通过艰苦的努力来掌握高明的道术，就会教他一些方便法门，希望他们循序渐进地向高深的智慧前进。但世人并不懂得方便法门与真正的高深智慧之间的区别，也不知道真正的高深智慧不是通过简单的方法就可以马上掌握的，于是就把这种方便法门当作了真正的高深智慧，以为只要学会了这类方便法门就能如同高人一样，具有高深的智慧。但实际上这是不可能的，一切高深的智慧都要人们付出艰苦而长期的努力才能逐步地认识和掌握，一下子就成为高人的想法，就像这个国王想让女儿一下子长大一样，那是一种愚蠢。所以这个医生只能采取这种办法来让愚蠢的国王相信自己的女儿在一天之内就长大成人了。

从这个故事可以看出，任何蔑视规律和过程的人都是愚蠢的，尽管他们的愿望是美好而天真的。好在这个愚笨的国王欺骗的是他自己，中国的寓言故事《揠苗助长》中的蠢人，欺骗的也是自己，而伤害的是禾苗。

世间万事与任何目标的实现都需要一步一步的踏实积累，而循序渐进更是佛法修习的必由之路。

灌甘蔗喻

——错误的方法得恶果

从前有两个人，都是种甘蔗的，他们要来一次比赛，于是就相约：把甘蔗种得很甜的就得奖，种得不甜的就重罚。

其中一人心里想道："甘蔗本来就很甜，假如我用甘蔗汁去浇它，那甘蔗不就会加倍地甜吗？这样我就会超过对方。"他真的就榨出了很多甘蔗汁，去浇新种的甘蔗，希望增加甘蔗的甜味，结果这样反而把所有的甘蔗都损坏了。

这个故事譬喻世人也是这样愚蠢，他们想求得善福，使自己有权有势，以欺压小民，来夺取小民的财物，以此作为自己的幸福。这就好比有些人信教是想得到财产上的好处，让佛祖保佑自己升官发财，这样的人就算暂时得到了官位和财富，但由于来路不正，甚至是通过欺压民众而得来，那么到最后必然是自己要为之付出惨重的代价。这就是所谓的善有善报，恶有恶报。故事中的愚人想使自己的甘蔗比别人甜，就如同世人想比别人有更高的官位和更多的财富一样，为此他们会采取一切手段来达到这个目的，而不管手段是否正当，这就像故事中的愚人用甘蔗汁来浇灌甘蔗一样：想得到更好的结果，却使自己一无所得，最终遭到惨痛的惩罚。

债半钱喻

—— 如此辛苦为哪般

从前有个商人，借给别人半文钱，而那个人很久不来还钱。于是商人前去讨债。途中要经过一条大河，必须花两文钱的船钱才能渡过河去。到了欠钱人的家里，那人却不在家。商人只好又渡河回去，这样为渡河又花去两文钱。

这个商人为讨得半文钱的欠债竟然花去了四文钱的渡河钱和一天时间来奔波劳苦，并且又没有讨到。他的这一不明智的行为，当时就遭到很多人的讥笑。

这个故事譬喻世人也是这样，为追求一点小小的名利，不惜付出过多的代价。有些人只看到眼前的利益，不顾一切要追求到手，甚至使自己在大节上都丧失了准则，或者是为了自己的一点利益而不顾礼义。这样的人，他们的行为当时就会招致恶名，以后还要得到苦报，这就是劝诫人们切勿因小失大。要完全抛弃世俗名利确实很难，但并不是说不能做或者做不到，功名利禄都是过眼云烟，当不得不放弃的时候，大家才会真正知道自己所失去的到底是什么。

就楼磨刀喻

——想求方便却更麻烦

从前有个人，被国王征召做工，后来国王赏了他一头死骆驼。这个人把死骆驼运到家中准备剥皮。但是他的刀很钝，于是他到处找磨刀石，找来找去，终于在楼上找到了一块，他就在楼上把刀磨得快快的，然后下楼来剥骆驼皮。没想到剥了几下刀口又钝了，只好又上楼去磨刀，再下楼来剥皮。

这样来来回回折腾了多次，很累，连他自己都觉得好笑起来，不禁自语说："我真笨啊，为什么不把骆驼吊上楼去呢？"说完，他为了磨刀方便，用了一根绳子把骆驼吊上了楼。

这个故事譬喻愚人破坏了佛教的禁戒，来多取钱财，以求利用钱财来修福，得到佛陀的保佑，长生不死。这样对待佛教，就像故事中的愚人把骆驼吊上楼以省磨刀之功，不论他怎样做，都是愚笨的办法，费力多而成效少。这说明对于佛教不能简单地以为用钱财以及施舍就能得到菩萨的保佑，世人大多以为只要进庙烧香叩头，就算信佛。这都是对佛教的误解，是世人的愚蠢想法，并不可取。而且不论做什么事，都要认真思考其可行的办法，找到真正的道路，不能偷懒而走捷径。另外，对于物欲的执着和追求只能牵绊着自己穷尽一生而背离大道。

乘船失钎喻

—— 刻舟求剑

有一个人，坐船渡海，不慎失手把一只银碗掉在了海水中。当时他就在心里想：“我现在应该在水面上做个记号，现在离开此地，以后不要忘记再在这个位置把它捞上来。”于是他就在水面上画了个记号，然后继续航行。

这样过了两个月，他到了现在的斯里兰卡。一天，他看见有一条河，就二话没说跳进河中去打捞他那丢失的银碗。大家见此情景就问他：“你这是干什么？”

他回答说：“我先前丢失了一只银碗，今天想把它捞上来。”

大家又问他：“在哪里丢的？有多长时间了？”

他回答说：“在刚开始渡海的时候就丢失了，离现在有两个月时间了。”

大家又问他：“丢了有两个月了，为什么在这里捞？”

他回答说：“我丢银碗时，曾经在水面上画了个记号。虽然是在水中画的记号，但位置肯定是在这一片没错，所以我就在这一片打捞了。”

大家听了觉得好笑，就对他说：“海和河虽然区别不大，但你丢银碗时是在另外一个地方，现在却在这个地方打捞，怎么能够找得到呢？”

这个故事譬喻不信佛教的人不能按照佛教的方法修行求道，这就像故事中的愚人，虽然也用尽心机来寻找遗失的银碗，但方法完全不对，最终不可能得到真理。佛教认为其他宗教都不是求得人生真理的正道，所以用这个故事比喻其他教派引人走向歧途，就像在海里掉了银碗却在河里寻找一样，白白用力不会有任何结果。

一看到这个故事，就会使人想起中国先秦时期的故事“刻舟求剑”，虽然寻找的东西不一样，但两人的思维方法却是相同的。有些人也承认自己有失误而来总结经验教训，但他们却像这个在水面上做记号的人一样，入手之处不是地方，所以尽管费了很大的劲儿，也总结不出真正的经验教训，仍然失误，仍然不开窍，无法把事情办好。

如果场所变化了，具体的方法不变，它也是不会有任何效果的。所以人们会笑话一些呆子，不知道整个情况的变化，只是死搬一种具体的方法，虽然方法本身没有错误，但用的地方不对，这个方法也就完全失效了。相对于“刻舟求剑”，这个故事更注重教诲众生：只有参悟了佛理，才有可能真正地悟道，单纯的苦修是难有什么提高的。

人说王纵暴喻

—— 暴虐与愚蠢

有个国王，听说有人在私下议论他，说他非常暴虐，又很昏乱，不会治理国家。他得知这些话后，气得不得了，马上下令抓这个议论朝政的人，但一时又查不出到底是谁说的，于是就听信了身边一些小人的话，把一个贤明的大臣捉来治罪了。

他命令手下人剥开这个贤明大臣的背脊，割下一百两肉来。不过，有人出来证明说，这个大臣并没有说过国王的坏话。国王也觉得很后悔，知道冤枉了他的贤臣，准备好好补偿一下这个贤臣，于是命令手下人找来一千两肉来补他的背脊。

到了夜里，没想到这个大臣还是疼得直叫唤，痛苦万分，国王听得很不耐烦，就跑去责备他说："你还叫唤什么呢？我取了你一百两肉，还了你十倍，还有什么不满足的？"

这位贤臣这时已经没有气力答话了，旁边有人替他回答说："大王如果砍下了他的头，就是用一千颗头来赔他，他也已经死了。现在虽然得到了十倍的肉，也免不了他的痛苦啊！"国王这才哑口无言。

这个故事譬喻世间的愚人也是这样，不顾后世会有什么报应，只求眼前的享受，为此不惜让众人受苦，以求自己一人的快乐；又想多得财物，要用财物来弥补罪过，求得菩萨的保佑，甚至还想通过多多烧香叩头、施舍财物等方法，以得到一生的福报。这样的人在世间实在是太多了，但他不曾想过，这种做法并不能得到菩萨的保佑。先用不正当的手段剥削众人而获得财物，升官发财，再用官位权势和财物来求菩萨保佑，就像这个国王一样，先来残害百姓和大臣，再来用加倍的财物换取人们的欢心，这种做法，因为先已让百姓大臣痛恨在心了，所以无论怎样加倍补偿，也是无济于事的。

这个道理也可以用在人生之中，人总会犯错误，但要改正错误必须从根本上认识错误的根源，只求表面形式上的改正，那都是骗人，人们也不会相信你的，这也是不能解决任何问题的，有时甚至造成更严重的错误。尤其是身居高位的人，在采取某种行动之前，一定要好好考虑，这样做对于百姓是有好处还是有坏处。如果有坏处，还想着我以后再来加倍弥补百姓的痛苦或损失，他们就不会痛恨我了，这样的想法，实际上并不能得到百姓的原谅。而在现实中，确实有不少的人就是按照这种逻辑来做事的，而且还振振有词地说，我已向百姓做了足够的补偿，他们还有什么可怨恨的？你不想想，如果从一开始就不让百姓受苦受害，那不是更好吗？如果已经造成了损害，无论怎样补偿，都不能让百姓对你产生真正的感恩之心。

妇女欲更求子喻

—— 杀子求子

有一个妇人，已经生了一个儿子，但她还想再生一个儿子，便向别的妇女们请教说："有什么办法能让我再生一个儿子呢？"一个老太婆告诉她说："我可以使你想生儿子就生儿子，不过你必须敬祭天神。"妇人问她必须用什么东西祭天。老太婆告诉她："把你的儿子杀了，用他的血去祭天，你就能够再生出儿子。"

这个妇人真的听信了老太婆的话，准备去杀自己的儿子，幸亏一旁有聪明人阻止了她，对她说："没想到你竟然愚蠢到这般地步！为了再生一个儿子，怎么能把现在已有的这个儿子给杀死呢？"

这个故事譬喻愚人也是这样，为了追求某种好处，不顾牺牲已有的利益，结果是想追求的得不到，已有的利益却受到了极大的损害。在这样的事情之中，有的人是自己想出一个办法，不知那是非常愚蠢的办法；还有的人是听信了别人的某种说法，以为那就是最好的办法，也不用自己的大脑思考一下，别人的说法是不是有道理，就贸然地照办了。结果都是一样，只能让自己受害而得不到任何好处。

愿望不能脱离现实而存在，对未来不切实际的幻想只能羁绊前进的脚步，最终成为前进的束缚。

入海取沉水喻

——价值判断失误

从前有一个大绅士的儿子，到大海里去取沉香，经过了好几年，他才取得了一车子回来。拉到市场上去卖，因为这种东西价钱太贵，所以卖了很长时间也没有一个人来买。慢慢地他就灰心起来，苦恼得不得了。

这时他看见旁边有很多卖木炭的，生意好做得很，总是一挑来就被人买走了，他于是心里想："不如把沉香烧成木炭，这样可以卖得快些。"于是回家把沉香烧成木炭，拉到市场上，果然卖得很快，只不过还得不到一根沉香的价钱。

这个故事譬喻世间愚人也是这样，想求佛却不能耐心修炼，只求速成，梦想一夜之间成为菩萨或神仙。短时间达不到这样的目标，就灰心丧气，觉得求佛太难，于是产生了退避之心，不再求佛。佛陀认为应该发下大誓愿，苦心修炼，以求正果。这个故事中的愚人没有耐心把沉香卖掉，居然烧成炭来卖，就是那种想求佛而没有耐心修炼的表现。

一车名贵的香料就这样被糟蹋了。不珍视名品的身价，降格以求，结果落得不如俗品的结局。追求时兴永远落后于时兴，经商也罢，其他也罢，大抵都是如此。中国人说"奇货可居"，既是奇货，就不可能指望被一般的人赏识和购买。谁懂这里面的奥妙，谁就能收物超所值之效。但要等到有人来赏识奇货，也要有耐心，所谓的“可居”，就是说能耐心等待。有些大事，不是可以一蹴而就的，这中间的耐心是非常重要的。换句话说，就是要沉得住气，这对于人来说，也是一种难能可贵的品性。

珍贵的东西总是很难得，大道也是一样。得到了而不去珍惜，或者不能固守最初的心态去勇猛精进，而选择急于求成的旁门左道去求得结果，最终只能将自己荒废而陷入无尽的痛悔。

贼偷锦绣用裹破烂喻

——锦绸包破烂

从前有一个贼，跑进一个富人家里偷东西，他偷到了一块很值钱的锦绸，另外又偷了一条破烂的地毡和一些烂衣服。他就用那块锦绸当包布，把那些烂东西包起来，打成一个包袱背了出来。

这个故事譬喻世间愚人也是这样的，信仰佛教而来修行佛法，并且也能按照佛教的说法做一些功德事，以有利于大众，但在修行佛法和做功德的时候还有贪图名利的心思，这就会破坏佛教所要求的清净之戒，也会使所做的功德不能圆满纯粹，因此这样来信佛教和做功德，就会受到世人的耻笑，就像这个故事中的愚人一样，并不知道真正的宝贝是什么，以为修行和做功德本身就是佛教，并不知道佛教的重点并不在这些事情上面，真正懂得佛教的教义才是重点。

世上的人往往对于事情的主次分不清楚，人的知识有限，往往识别不出真正有价值的宝物，而把不甚值钱的破烂当成了宝贝。这样的人常常会与有价值的东西失之交臂。如学佛修佛，只知做功德事或修行，并不是学佛修佛最有价值的事情，把佛所说的道理彻底弄明白才是最重要的。

种熬胡麻子喻

——炒熟的种子

有一个人，吃了生芝麻，觉得味道不是很好，后来炒熟了吃，觉得味道好多了。于是他就想："既然熟的这么好吃，为什么不把芝麻炒熟了再种呢？这样可以直接得到熟芝麻。"

于是他就把炒熟了的芝麻种下地去，自然种下去的芝麻永远不会有长出来的那一天。

这个故事譬喻世人也是这样，认为菩萨的修行要花费很长的时间，自己要是也这样修行，就太难太苦，所以他们就不愿意这样修行。为此他们会想："不如做个阿罗汉，尽快了断生死，这样可能会容易些。"这种想法，是对佛法的误解，最终并不能真正得到佛果。这就像故事中所说的愚人，把炒焦了的芝麻子做种子，那是永远不能长出芝麻的。人们信佛也是这样，并没有什么捷径可走。

这个故事也告诉人们：做事只能老老实实地按照自然规律，那种违反自然规律的设想，永远都是不可能实现的幻想。好心办蠢事的人，多是这样的幻想家。

水火喻

——不争气的水与火

有一个人，做某件事情，既需要用到火，同时也需要用到冷水。于是他就用一个瓦罐子装了些火种，放在屋里，又用一个铁罐子装上冷水，放在火罐子的上面，并自语说："我把火和冷水都准备好了。"但等了一会儿，他去拿火时火已经灭了，再看铁罐子里的冷水，也已经变成热水了。

这个故事譬喻世间之人也是这样，虽然已经出家，却还想念着老婆孩子。佛教认为世间之事有五欲之乐，即财欲、色欲、饮食欲、名望欲、睡欲，这是五种让人希望得到的乐趣。很多人都是不能彻底地抛开这五欲之乐，所以不能彻底修行佛法。这个故事把火比喻为佛教的功德，把水比喻为佛教的戒律，那些不能彻底按照佛教的说法修行的人，由于心中充满了欲望，所以不能把功德与戒律的关系处理好。

两种截然对立的东西，就像保有与放弃，不可能同时兼得；如果不能做出一个选择并坚持如一，最终两个都会失去。

人效王眼瞤喻

——愚蠢的拍马屁

有一个人，想讨得国王欢心，就向别人请教妙法，问："我怎样才能讨得国王喜欢呢？"有一个人对他说："你要想让国王喜欢，就要模仿国王的一举一动、学他的一切。"

这人马上就来到国王的面前，要模仿国王的动作。这会儿国王正在不停地眨眼睛，于是他也开始眨眼睛。国王见了觉得很奇怪，就问他："你的眼睛怎么了，是有病还是被风吹得睁不开？"

他回答说："我只是为了讨得您的喜欢，看到您刚才在眨眼，才跟着眨的。"

国王听了这番话，当即大怒，马上命令手下人对这个人施以种种酷刑，最后把他驱逐出国。

这个故事譬喻世人也是这样，他们也想亲近佛法，从中求得善法以使自己得到启示而增进自己的德行，但在亲近了佛法之后，却不知道佛对众生解说佛法是用各种便于人们理解的说法，对于这类说法的深刻意旨则不能真正理解，于是产生了不少误解或曲解；或者对于佛法听得并不完整，对于佛经也是不能完整地学习和领会，所以对于佛法的认识就是片面的。

治鞭疮喻

——盲目模仿

从前有个人，被国王抽了一顿鞭子，伤得很厉害，他只好用马粪去敷自己的伤口，希望这样可以好得快点。

当时有个呆子亲眼看见了这件事情，心里高兴得不得了，说道："没想到我这样快就掌握了治疗鞭伤的秘诀了！"

他急忙跑回家中，对他的儿子说："你快拿鞭子来打我的背脊吧，我有一个治疗鞭伤的好方子，一定很灵，今天就要试它一试！"儿子只好听老子的话，用鞭子抽打父亲的背脊，然后把马粪敷上去。

这个故事譬喻世人也是这样，有人专观女色以及触发色、声、香、味、触等能引起贪欲心的五欲，但他不懂得人身之所以不净的根本原因，所以这样一来，反而就受到女色的诱惑，沉沦于生死之中，永受地狱之苦。这样的人就与故事中所说的那个人一样，为了验证用马粪能治鞭伤，先把自己打伤再用马粪敷上，结果不但不能治伤，反而让伤口更烂更疼。他们不知道戒除自己的欲望执着之心才是持正向上的根本方法。

为妇贸鼻喻

—— 好心办坏事

从前有个人，他的老婆长得很漂亮，只是鼻子很丑。有一次他在外面看见一个女人的鼻子长得很美妙，于是就冲过去割下了那个女人的鼻子，飞快地跑回家中，急急忙忙地对自己老婆说："快出来快出来，我给你一个好鼻子！"

老婆从屋里一出来，他立刻就把她的鼻子割下，然后把那个女人的鼻子安在老婆的脸上，但却怎么也安不上去。

这个故事譬喻世间的愚人也是这样，他听说佛教中有一些人修行得道，有了很高的名声，被人称为"大德"，受到世人的尊敬，因此获得不少好处，于是他就想："我与他也没有什么不同。"于是自吹自擂，诳称自己也是那样的大德高人。但他即使这样做了，也不可能像那些真正的大德一样受到人们尊敬，享有莫大的好处，反而损害了自己的德行。

这个故事也说明：世间没有缺憾的美是很少存在的，应该尊重自然的安排。以人工斗天然，往往受害的人是人类自己。同时，掠人之美的人，也常会使自己处于一种很狼狈的境地。

贫人烧粗褐衣喻

—— 妄求多福

从前有个人，非常贫穷，靠给别人打长工得到了一件粗布短衣，整天穿在身上。在路上有人看到他穿着这样的衣服，就对他说：“你本来出身高贵，是世族后代，怎么能穿这样质地低劣的粗布短衣呢？我现在教你一个办法，可以使你得到国王钦赐的上等衣服。你按我说的办，我决不会欺骗你的。”

这个穷人非常高兴，便很顺从地按那个人说的办了。那个人在他的面前燃起了一堆火，对他说：“你现在可以把你的粗布短衣放在火里烧，然后在这里等着，你马上就可以从这里得到国王钦赐的上等衣服了。”

这个穷人按他的话做了，烧掉了自己的粗布短衣。但他在那里等了很久，也没有见到他想要的衣服，反而连自己的旧衣服也失去了。

这个故事譬喻世间之人也是这样，按照佛教的说法，人是在过去世修行了许多善行后才转世得到今生的人身，因此就应该在今生继续修行善德，以求来世的幸福。但他们却听信了邪门歪道以及神汉巫婆骗人的鬼话，说什么“你现在要相信我的话，修炼各种苦行，或者从高高的悬崖上跳下去，或者投身于烈火之中去焚身，只有舍掉现在的身体，才能超生到天界，永远得到各种快乐”。这种人轻信了这类鬼话，舍掉了现在的身体和生命。他没有按照佛教的教导修炼各种功德，也没有懂得佛法的真意，这样白白地舍掉了身体与生命，死后还是堕落到地狱中受苦。这就像故事中所说的那个人一样，旧衣服被烧了，新衣服也没有来。

牧羊人喻

—— 骗局的成功

有一个牧羊人，很会养羊，几年之间他的羊越养越多，有成千上万头。但这个人非常小气，从不肯轻易杀一只羊请客或自己吃。

当时有这样一个人，诡计多端、善于欺骗，觉得牧羊人有隙可乘，就去和他做朋友，并取得了他的信任。

一次他对牧羊人说："我现在和你相处得简直就像一个人一样，再也不分彼此。我知道有一户人家的女儿，长得非常漂亮，如果能给你做老婆，那真是再好不过的了。我要替你前去求婚。"

牧羊人听了这番话，喜欢得不得了，便送给了这个人很多羊和别的财物，请他去做媒。

这个人去了一趟，回来对牧羊人说："她已经是你的老婆了，而且你的老婆还生了一个儿子。"

牧羊人觉得自己还没有见过老婆的面，这老婆就为自己生了儿子，心里高兴得了不得，就又给了这个人很多羊和别的财物。

又过了几天，这个人又跑回来告诉他说："你的儿子得了重病，现在死了。"牧羊人听了这话以后，便放声大哭，哀悼自己的儿子短命，简直痛不欲生。

这个故事譬喻世间之人也是这样，已经对佛教的教义做了广泛的研究，却为了自己的名利，不肯对人宣讲自己所学的佛法，视为秘密，吝啬告诉别人。这都是受了私利的迷惑而妄想只让自己得到佛法的好处，不想让别人也得到这种好处。把所学的佛法看得如同自己的妻子儿女一样，不肯与人共享。受了这种私心杂念的影响，就会使自己所学的佛法也离自己远去。到后来丧失了身家性命以及所珍爱的财物，又为此而极为难过悲伤，处于悲痛之中。这与故事中所说的牧羊人没有不同。

这个故事也说明：很多人虔诚地供奉佛像烧香磕头，希望得到人生的真谛，从而使自己走向幸福的彼岸，但最终因为选错了方向，空有虔敬的心而不得其法。或者为自己的观念左右，不愿去接受观念之外的真理，最终也是镜花水月，悔之晚矣。

雇倩瓦师喻

—— 只会破不会做

从前有个大法师，准备举行一场规模很大的法会，他对小和尚说："这次法会场面很大，需要用到很多碗碟盆盘瓷器。你去为我请一个窑工来吧，我要向他订做很多瓷器。"

这个小和尚就到街市上去找。在路上，他看见有一个窑工正赶着一头毛驴，驴背上驮了很多瓷器，要到市上去卖。

忽然间只见那驴猛地一颠，身子一歪，所有瓷器都摔在地上破碎了。这个窑工哭哭啼啼，懊恼不已。

跟在后面看到这一情景的小和尚觉得很奇怪，就问窑工说："损失了点瓷器，为什么悲伤到如此地步？"

窑工回答他说："我为了养家糊口，辛苦了整整一年，才做成这些瓷器，正要驮到市上卖个好价钱，没想到这头瘟驴子跟我作对，在不到一分钟的时间里把我一年的辛苦全摔光了，我能不悲伤吗？"

小和尚听完这番话却高兴得跳了起来，他说："这可真是一头好驴子啊！你做了一年，它只要一眨眼工夫就可以毁掉，真了不起！你把它卖给我吧。"

窑工正恨得要打死那驴子，听说有人买，自然求之不得，马上就卖给了小和尚。

小和尚骑着毛驴回来见法师，法师觉得很吃惊，就问他：“这是怎么回事？为什么不请窑工来？骑这毛驴干什么？”

小和尚回答说：“师傅有所不知。这头毛驴只要身子一歪就能把瓷器毁得干干净净。”

法师听了连连摇头，苦笑着说：“你真是个大傻瓜，一点脑子也不长。这毛驴只会破坏，就是给它一百年时间它也做不成一件瓷器啊！”

这个故事譬喻世间之人也是这样，虽然千百年来一直受人供养，却一点也不想报答，反而要做一些伤害人的事情，根本没有帮助别人的心意。这就是忘恩负义的人的所作所为，他们实际上并不会得到什么好处，只会干出更多的蠢事。

这个故事还说明：人们做事不要忘了重点是什么，不要轻重颠倒，而这则故事里的小和尚却是得到次要的，忘了主要的，只顾欣赏驴的破坏能力，而忘了自己是来干什么的，结果与最初的目的是南辕北辙。虽然懂得欣赏，却忘了事情的重点，世间不少人都是这样，往往什么都不知道，还自以为聪明。

估客偷金喻

—— 贪心者的下场

从前有两个商人，一起做生意，一个卖黄金，一个卖棉花。

一天，有个人向那卖黄金的买金子，不太放心，要当面试一下是不是真金，就把金子放在火里烧。那个卖棉花的商人，乘他们不注意就从火里偷了一块黄金，急忙藏在自己的棉花里。

没想到滚烫的黄金把棉花烧着了，卖棉花的人不仅没有偷成黄金，反而把自己的棉花也搭了进去。

这个故事譬喻那些不信佛教的人，他们偷取了佛法中的精华思想，妄称是自己的发现，而不是佛法中原有的。为此而使自己的经典不再流传于世，而使佛法更为人们相信。这就像那个偷金子的商人，虽然偷到了金子，却使自己的财物完全被毁坏了。

世上总有心存侥幸的人，但他们做事很少能得到成功，因为他们总是以损人开始，以害己告终，“偷鸡不成蚀把米”。为什么损人者终将害己？这是因为损人如同做贼，慌乱之中，往往埋下灾祸的伏笔。若是正正当当地得来，怎么会把滚烫的金块塞在棉花里？这也证明了中国的古话，若想人不知，除非己莫为。如果你干了亏心事，就会心虚，而不能对事情考虑周密，结果就会因此而使自己受伤受害，这也是天网恢恢，疏而不漏的道理。

斫树取果喻

—— 砍树摘果

从前有一个国王，他有一棵很好的果树，又高又大，据说可以长出香甜无比的果子。

有一天，有一个人来到了国王的住所。国王对来人说："我的这棵树上，将会长出一种世界上最美味的果子，不知道你想不想吃。"

那个人回答国王说："这棵树又高又大，就是想吃果子，也摘不到呀！"

国王马上叫来许多人把大树砍倒，希望能找到果子，可是并没有找到，只是白白地辛苦了一场。

国王又叫人把大树再竖回去，却再也竖不回去了，经过这一番折腾，树终于被搞死了，以后自然也不会再长果子了。

这个故事譬喻世间之人也是这样，佛教所制定的各种戒律有不少，按照佛教的说法去做，也会有不少功德，这就像一棵很大的果树，会长出许多不同的果子。我们如果能发愿心，想修行佛法，以求吃到这些果子，就应当遵守佛法的戒律，做各种功德。有人不懂这个道理，不遵守佛教的戒律，反而破坏戒律。这正像砍了果树来摘果子，之后又期望被砍的果树还能复活，结果是可想而知的。

在佛教看来，破坏了戒律的人，就是这样。

这种杀鸡取卵式的摘果子的方法，简直是暴殄天物，果子没吃到，果树也完了，眼前利益和长远利益都丧失了。而这些蠢事的最初动机，完全是一片好心。世间总有一些人不明白这样简单的道理，所以他们运用手中的权力来做事时，完全不考虑后果，只顾眼前的一点小利。做这种事的人，表面上是出于一种好心、一种美好的愿望，但不顾他人的感受、客观的影响，而任其发展，这样的美好愿望就不是真正的好心，只能说是一种私心。

送美水喻

——改名自慰法

从前有一处村落，离京城有二百里路。村里有一口井，井水特别甘美，国王就下令让这个村的老百姓天天把水送到京城，供他吃用。村里的老百姓疲于奔命，不堪其苦，都想逃避这种苦役，搬离此地，迁居到远处去。

当地的村长知道这一情况后，就对大家说："你们都不要迁走。我马上去向国王请求，把二百里改称为二十里，这样你们就会觉得近多了，不会感到那样疲劳了。"

村长随即就到国王那里去请求，国王答应了他的请求，下令把这段二百里的路程改称二十里。

村民们得知这一消息，都高兴得什么似的，觉得现在的路比以往近多了。

但还是有人道破真相说："这个二十里还是原来的二百里，路并没有减少。"虽然村民们听到了这些话，知道了这么回事，但他们太相信国王了，认为国王不会骗他们，所以最终还是没有迁居。

这个故事譬喻世间之人也是这样，他们修习佛法，想要脱离佛教所说的苦海，不再在天、人、畜生、饿鬼、地狱之间轮回，达到不生不灭的涅槃境界，但又觉得太难，感到疲乏，于是产生了退转的心意，不能坚持修习佛法。佛陀知道人们在理解佛法的时候具有不同的根性，因此在讲说佛法时就根据人们的不同根性而采取不同的说法，大体上分成小、中、大三个阶段，成为让人连续前进的三乘法。具有小乘根性的人听了很高兴，认为这是一条易行的道路。他就按照小乘法来修善进德，以求出离生死。但后来又听别人说并没有真正分成三段的三乘法，本来就是前后连贯的一乘法，但他还是不肯舍去小乘法而转向大乘，就像那个村子里的人只听信国王的话一样，而不顾事实本来是怎样的。这说明有些人对于佛教的理解是偏执的，并没有真正地从根本上弄通佛法，只就其中的一个说法固执到底，不肯全面掌握佛法的道理。这样，对于佛法的理解就会只停留在一种说法上，甚至换个名词，他们也以为事实就因此而得以改变了。这样的思维方式，对于理解佛法来说，是完全不够的。

这则故事会使人想到中国典故里的“望梅止渴”或者“朝三暮四”，欺骗之所以能够得逞，往往是因为自己的私心。同时，臣民或下级对君主或上级，往往于不知不觉中就有这种绝对的信任感，不管话说得多么荒谬，只要是上头说的，就是真理，就可以改变事实？这种情况总是发生，于是有些人就会利用人们的这种心理不断地改换说法来欺骗他们，在现实社会中，这并不少见。所以，善良的人们最重要的是要有自己的独立思考，不要什么事都只听别人的说法。

宝箧镜喻

——自己吓唬自己

从前有个人，穷得不得了，欠了人家很多债，无力偿还，只好远逃他方。

有一次，他逃到了一处荒凉的田野，看到有一口箱子丢在那里。打开一看，里面装满了金银财宝，金银财宝上面放着一面镜子。他见到这些，欢喜万分，正要去取那些金银财宝，却忽然看见镜子里有个人，正瞪着眼看他。

他吓得不得了，连忙停手，直起身来两手放在胸前，不好意思地对镜子里的人说："我只当是一只空箱子，里面什么东西都没有呢，不知阁下您在这个箱子里，请不要见怪啊！"

其实，那个镜中人就是他自己。

这个故事譬喻凡俗之人也是这样，他们在人生中总会遇到种种困扰的事情，如生死、磨难、债务、挫折等，怎样也摆脱不开。为了摆脱生死之苦，人们就进入佛门，修行佛法，做各种功德之事，希望由此让自己得到解脱，这就像穷人发现了装满珍宝的箱子一样。但又因为镜子中的假象让自己产生了新的迷惑，错认为镜中的影像是真实的，便把箱子封存起来，不敢再打开。这样一来，他得到的宝贝就全部又丧失了。这就像信了佛教的人，又被某种不正确的想法所迷惑，而不再信佛教，不再修行和做功德，那么他以前的努力也全都白费了。这与故事中的人把镜子中的形象看作真人一样，产生了错觉，结果把宝物全都丧失了。佛教希望人们懂得某种道理后不再动摇，否则就不能得到正果。

这个故事还说明了一个道理：悲伤过度，固然会使人迷糊；高兴过度，也同样会使人脑筋不清醒。由此可见，准确的判断，来自于冷静清醒的头脑。人们常说做贼心虚，以这样的心态，不干出可笑的蠢事，那才怪呢！所以做人要坦坦荡荡，光明磊落，也就不会疑心生暗鬼了。同时也说明：人们对于事物的观察和认识，不能只相信眼睛，还要有正确的思维和分析，眼睛所看到的，不一定是事物的全部真相，只有经过大脑的认真思考和分析后，才能对事物形成正确的认识，这样就不会做出错误的决断了。

破五通仙眼喻

——只要眼睛

从前有个人，入山学道，成了神仙，练就了一双天眼，可以看透别人的心思和未来，尤其是能看到地下埋藏着的各种宝物。

国王听到了这些，心里万分高兴，就和大臣们商议说："我们要想个办法，让这个神仙常住在我们这里，不要到别国去，那么我就能得到所有埋藏在地下的财宝，我将比任何国王都富有。"

有一个大臣，自以为理解了国王的意图，马上跑到神仙那里去，把神仙的一双眼睛挖了出来，拿回来呈献给国王说："臣已经把他的眼睛挖了出来，现在他不会再到别的国家去，可以常住我国了。"

国王十分不满，生气地对他说："我们之所以希望神仙常住我国，就是因为他能看出地下的财宝。现在你把他的眼睛给毁了，他还能再往哪里去呢？"

这个故事譬喻世人看到佛家人士在山林旷野苦苦修行，就强行把他们带到家中进行供养，这样反而毁了他的善法，使其道果不成，并且丧失了他的道眼，最终是既失其利，又一无所获，就像那个愚臣毁了神仙的眼睛。

这个故事还说明：局部的优异和美好，离不了整体的滋养和陪衬，只取局部便毁了整体。从这个故事还可以看出有些人干坏事，不仅仅出于用心歹毒，还往往由于愚昧无知！愚昧带来的盲从往往会被恶毒及阴险所利用，当恶毒与愚昧结合在一起，必会干出常人难以想象的残酷勾当。所以对于人类来说，如果能够提高自身的文化修养和人文素质，就能够摆脱愚昧，同样还会在无形之中使人不再那么恶毒和残忍。

杀群牛喻

—— 追求完整

从前有一个人，他经常把自己的二百五十头牛赶到有水有草的地方放养。有一只老虎跑来偷吃了一头牛，于是牛主人想："二百五十头牛失去了一头，不是全数了，我还要这些牛干什么用呢？"因此就把剩下的牛都赶到一条深坑里去活埋了。

这个故事譬喻凡夫愚人也是这样，他们已经信仰佛教并且接受了戒律，但在现实中有时候犯了一条戒律，却不知道羞愧，也不忏悔，反而心想："我已经犯了一条戒，没有完全遵守戒律，那又何必还要守戒呢？"于是就会心安理得地犯更多的戒律。

有些人在做事时，过于追求完整或完美，有一点不够完美，也不能容忍，而把整个事情放弃或毁掉。这实在是一种愚蠢。

在不小心做错了事情时，不要自暴自弃，而应及时回头，努力挽救自己。如果因为做错过一件事，就放任自流，去做更多的错事或坏事，那就完全不能拯救自己了。

饮木筒水喻

—— 令泉水止流

有一个人，走路走得口渴了，看见山间岩石旁的木筒子里有清净的泉水流出，他就走到跟前美美地喝了一回。

他喝饱之后直起身来，举起手来对泉水命令说："我已经喝好了，你不要再流了。"

可是泉水依然流个不停。于是他就生起气来，说道："我已经喝好了，叫你不要再流，为什么还要继续流？"泉水还是照旧流着。

这时旁边有个人看到这一情景，就对他说："你这人也太傻了，一点不动脑筋。你为什么不离开，而站在这里直嚷嚷泉水不要再流了？"说完，就把木筒子拉向了别的地方。

这个故事譬喻世间之人也是这样，恋着生而不愿意死，于是在人生中贪图色、声、香、味、触等五种欲望的快乐。当他在某个时候突然对这五种欲望的快乐有了一种厌倦之心，他又会说："你们这些欲望的快乐，不要再来干扰我了。"这就像故事中的那个人喝足了水之后就不想让水再流出来一样。他会埋怨人生中为什么总会有五种欲望来引诱自己，让自己满足了欲望之后又产生一种烦恼，认为这是不好的事情，不能让自己脱离苦海。对于这种人，有智慧的人会告诉他说："你要想彻底摆脱五欲的引诱，就应该做到六根清净，也就是把眼、耳、鼻、舌、身、意等人身的六根所产生的妄念全都抛弃掉，这样才能真正摆脱五欲的引诱，达到清净解脱的境界。你光在那里埋怨五欲来引诱你，想着让五欲不再出现在自己的眼前，这怎么可能呢？”这说明佛教是要人从根本上认识到人生的痛苦在于自身的欲望，而不是人身之外的诱惑。

这个故事是拟人化的，用这种方法写起文章来会很美。但在现实中，把无生命的东西当成人，吆五喝六的就显得很滑稽。有源就有流，水往低处走，不以人的意志为转移，而这个傻子却太多情，认为泉水是为他而流的，所以才产生了与水的“对话”。“对话”不成，不知这种人接下去会干什么蠢事。世间许多蠢举，往往出自这种人之手。这也说明，人不能总按自己的想法来看待人生和现实，人要有自己的觉悟，能对人身之外的事情透彻地认识，知道其中的善恶，自己为自己定下是非标准和行为准则，不能指望具有引诱力的事物不存在或不出现，更不能命令它们全部消失。有些人总是埋怨为什么会有这么多的事情来引诱自己，却从来不想想自己为什么没有定力。

见他人涂舍喻

——好东西未必好

有一个人，到朋友家里去，看见他家墙壁装饰粉刷得非常平整干净，效果很好，就问朋友说："你是用什么东西粉刷的，能取得这样好的效果？"

朋友告诉他说："用稻糠浸水，和在泥里，把它们调匀，然后直接涂在墙上，就成了这个样子，别的没什么诀窍。"

这个人听到这些，就心里想："用稻糠效果都这样好，如果用稻粒和泥，墙壁就应该更显得白净，又平又好。"

于是他回到家中，用稻粒直接和泥涂墙。希望使墙平平整整，没想到反而高低不平，还裂出许多缝来。真是白白浪费了许多稻谷，早知如此还不如把这些稻谷施舍与人，也算是做了一桩善事。

这个故事譬喻凡夫愚人也是这样。他们听到高道大德为人说解佛法，并修习各种福德，死后能升到天上，得到解脱，就想我不如马上死了，早点升到天上。于是自杀，这是白白地断送自己的生命，并不能升到天上，什么也没有得到，正像故事中的愚人。这说明对于佛法不能只凭片言只语就妄自揣测，以为念佛就能得到护佑，这本身就是对于佛法的愚昧认识。

在人生中，如果能够虚心学习、大胆创新，是应该得到肯定的，但如果不是按照客观规律办事，所谓的创新就成了无根据的幻想，失败也就成了不可避免的了。最好的方法，是创新之前先进行小规模的试验，取得成功，再行推广。对于某种学说或知识，应该系统地加以学习和了解，不能简单地只看一眼，或听某人简单解说，就当作至宝。这样其实最容易受到误导，而做出许多愚蠢的行动。放在修行之中，可知任何有求之心都是有为，都只能带来事与愿违的结果，只有正信正行，脚踏实地，才能带来好的结果。

治秃喻

——治人先治己

从前有个人，头上没有一点头发，贼亮贼亮的，结果可遭罪了，冬天冷得受不了，夏天又热得受不了，同时还容易被蚊子、牛虻之类的昆虫叮咬。他白天夜里都深受搅扰，苦不堪言。

当时有一个医生，懂得多种医疗妙术，这位头上没有头发的人就前往诊所，对医生说："希望大师治一治我的毛病。"

其实这个医生也是个秃子。听了来人的话后，医生当即就把帽子脱了下来，向对方展示自己的光头，并对他说："我也患有这个毛病，也在经受着痛苦。如果我能给你治好的话，我就应该先给自己治，以根除病患。"

这个故事譬喻世间之人也是这样，他们因为生老病死而饱受困扰，想找长生不老的方子，听说有一些人修道，能治疗一切病苦，就向他们求教，说："我希望能解脱人生的生老病死等苦恼，永远生活在安乐的环境里享福，长存不变。"修道的人会说："我们也受生老病死的困扰而没有找到彻底解决的办法。如果我们有这种方法，自己就也不用修道了。所以我们也没有办法解决你的困扰。"这与那个想治秃头的人找的医生一样，都是没有办法解决这个大问题的。

这位医生倒很有自知之明，对送上门的“生意”，没有瞎蒙人，而是坦诚地展示了自己的真相，从而说明：一个对自己的毛病都治不好的人，是不能够给别人治同样的毛病的，这和中国传统俗语所说的“己不正不能正人”是一个道理。自己的毛病都不能治好，却顶着“医生”的光环出现在世人面前，好像包治百病似的，这类人在世间并不少见。佛家讲这个故事，是希望人们反观自己的内心，不要向外界去拜去求，只有自己内在的改变才能够真正走向真理。

毗舍阇鬼喻

——人比鬼精

从前有两个鬼，开始时他们共用一口箱子、一根手杖、一双木屐，后来他们都想独占这三样东西，因此就争起来，争了一整天也没争出结果来。

当时有一个人走过来，看到了这一情况，就问他们说："这三样东西究竟有什么好处，使得你俩争得如此不可开交？"

两个鬼回答说："如果拥有了这口箱子，就能够变出一切吃的、喝的、穿的和晚上睡觉的铺盖，简直是想要什么有什么。这根手杖，只要你拿在手里，一切仇敌都会向你归服，没人敢和你作对。这双木屐，穿上它人就能飞起来，无论你要到什么地方，一眨眼就到了。"

那人听了这些后，就对两个鬼说："你们稍微走开点，我替你们公平分配吧。"两个鬼听到这话，就走开了。

那人马上抱起箱子，拿起手杖，穿起木屐，飞到空中去了。

两个鬼没料那人会来这一手，一时吃惊得像傻了一样，没想到现在什么也得不到了。

那人在空中对两个鬼说："你们现在平安无事了，已经没有东西可以争执了。"两个鬼只好眼巴巴地看他飞走了。

这个故事里相争的两个鬼，是比喻众魔和一些不知正法的修道人。布施，就如同得到了那个箱子，众生所需的各种物品都能从这个箱子里得到；佛教所说的禅定，就如同那根手杖，降伏一切邪魔、烦恼；严格遵守戒律，就如同那双木屐，能让人上升到天上。那些为箱子等而争吵的鬼，就如同不信佛教的邪教徒，他们想从烦恼中强求善果，结果什么也得不到。如果能按佛教所说的方法来修习，加上布施、遵守戒律和禅定等，就能逐步地解脱人生的痛苦，达到菩提涅槃的境界。

在现实中，人们常说“鬼精”，殊不知鬼也有不精的时候。这则故事使人想到中国的典故“鹬蚌相争，渔人得利”，在为利益而争执时，应警惕第三者乘虚而入。不过，故事也告诉修道人一个道理：任何依靠外在的力量证明自己求得自信都是不恒久的，只有自己的坚忍与正行才能最终得到正果。

估客驼死喻

——本末颠倒

从前有一个商人，带着两个徒弟、牵着一头骆驼在外做生意。在路上，那头不争气的骆驼死了。骆驼身上驮的都是珠宝、珍贵的绸缎和上好的毡毯等东西。骆驼死后，被剥下了皮。商人不带货物要先走一步，留下两个徒弟在那里守候，临行前对他们说："看好这张骆驼皮，不要使它受潮沤烂了！"

商人走后不久天就下起了大雨，两个徒弟不长一点脑子，担心骆驼皮被水淋湿，急忙拿那些绸缎和毡毯去覆盖骆驼皮。雨停了之后才发现，骆驼皮倒没烂，而价值比它高出许多倍的绸缎和毡毯却都烂掉了。

这个故事譬喻世间之人也是这样，佛教中有不杀生的戒律，在这个故事里就是那种上好的毡毯，而骆驼皮就是指财物，天下雨而让物品受潮腐烂，则是指人的各种恶行。不杀生的戒律是佛教的重要教义，但众人不能修习这条戒律，只是通过献上各种财物或建造寺庙、供养众僧人等方式来向佛表示敬仰。在佛教看来，人们的这种做法是抛弃了根本，并不能真正使自己获得佛陀的护佑，也不能让自己摆脱苦海。正因为如此，佛教才要人们把重点放在精心遵守不杀生的戒律上。

这个故事还告诉人们：不因事制宜，只会机械地执行命令，就会落得个因小失大的下场。这种徒弟属于“朽木不可雕”那类。当然，不能只怪徒弟，商人也有责任，临走时为什么只说骆驼皮？交代不清，无怪乎别人误解。

不过从另一方面看，人们对事物的价值判断不是完全一样的，你认为重要的，也许其他人就不认为重要。因此人们要相互交流，让对方知道自己的想法，这样才能使人们对事物的认识达成一致，否则一旦存在差异，做起事来就会有很大的不同。

磨大石喻

——没有意义的勤奋

有一个人，为了表示自己的勤快和努力，特地找了一块很大的石头磨，磨啊磨啊，经过了好几年的工夫，终于磨成了一个很小的玩具牛。完工的那一天，他很得意地对别人说："我一天都没有停过，这种精神了不得吧！"虽然他的勤奋努力是真的，但没有人认可，干这种事下的功夫太大，收效甚微，并不值得称赞。

这个故事譬喻世间之人也是这样。磨大石，是比喻做学问的精心和勤奋，磨成一个小牛，则比喻做学问是想追求名声，并且热衷于与别人争论是非，这与做学问的宗旨是相违背的。真正的学者，应该在研究上精心周密地思考，在知识上博通多识，更重要的是对所学的知识与学说能进行实践，以此使学问帮人取得出色的成果。如果是为了追求名誉，想通过争论是非来显示自己比别人高明，充满一种骄傲自大的思想，那么做起学问来就只能让自己增多过失。

一个人的精力有限，若方向选择错误，那么单凭恒心与毅力，最终收效还是很微小的。小到修持的方法选择，大到世间利益与刻苦修行，一切一切无不如此。

欲食半饼喻

—— 只要结果

有个人，因为肚子饿得很厉害，去买七个煎饼吃。当吃了六个半煎饼的时候，就感到已经很饱了，于是他又后悔又恨自己，一边打着自己的耳光，一边自言自语地说："我现在觉得吃饱了，都是因为有了这半个煎饼，这说明前面六个煎饼都是多吃的，吃了一点也没用。假如早知道这半个煎饼就能让人吃得饱饱的，不如干脆先吃这半个得了。"

这个故事譬喻世间之人也是这样，佛教认为人生本来是充满生老病死的，本身是痛苦的，所以自古以来并没有真正值得快乐的事情，只是由于人们的愚痴妄念，而把某些事情想象得快乐，这其实是一种幻想。这正像故事中的愚人吃了第六个半饼子时的想法一样，把最后半个饼子想象成是让自己吃饱的原因。世人对于快乐的看法，也与此相似。他们以为升官发财就是莫大的快乐，其实人们在一味追求升官发财的过程中是非常辛苦的，要忍受许多屈辱，即使最后追求到了高官厚禄，要守住它也是很难的，弄不好就是丢官治罪，全家跟着倒霉。所以追求名利这种事是没有什么快乐可言的。佛教认为在过去、现在、未来三个时段中，都没有真正的快乐。这就像有了大量漂亮的衣服和山珍海味，人们会为此而感到自豪与满足，而忘了追求这些东西所付出的代价，于是生出一种这就是快乐的幻想。佛教认为人们把快乐与痛苦混淆了，所认为的快乐不过是幻想，并不真实。

这个故事还告诉人们：只要质的飞跃，不要渐变过程；只要最终感受，不要量的积聚，当作一种奇想还可以，但在现实中是肯定行不通的。只要结果，不要过程，反映的是人们的一种惰性与偷巧心理。其实任何事情不先付出艰苦的努力，哪来成功的奢侈！

这个故事与前面的三重楼喻也有相似之处，只要最上面的第三层楼，而不要下面的第一、第二层楼，就像只相信最后半个饼子让自己饱了一样，都是一种片面的思维，看不到事物之间的因果关系。这样的思维并不少见，不少人做事时只看到了最后一步的结果，而忘记了得到这个结果之前的必要工作。在修行当中，过程虽然很苦，但必不可少，每一步都是对未来的积淀。

奴守门喻

—— 死抠字眼

曾经有个主人要出远门办事，临行前，嘱咐他的奴仆说："你要守好家门，并要看好驴子和绳索。"

在主人走后不久，隔壁邻居家弦歌不断，十分热闹。这个奴仆很想去听一听，一时心里慌得不得了，于是就用绳索绑上自家的门板，并把它捆在驴背上，赶着驴去凑热闹，终于如愿以偿。

却不料在这个奴仆离开家以后，家中的财物被贼偷个精光。主人远行回来后，问这个奴仆说："家里的财宝到哪里去了？"

奴仆回答说："主人您临走的时候只是吩咐说守好门、看好驴子和绳索。除此之外，我都不知道了。"

主人生气地说："留你守好门就是为了守好财物，财物既然没有了，还要门干什么？"

这个故事譬喻迷失于生死的愚人，最后会成为心中欲望的奴仆，与故事中的奴仆一样。佛教认为人们一定要经常保护自己的眼、耳、鼻、舌、身、意六根，这是人心的大门，不能让色、声、香、味、触、法这六尘钻空子进入自己的内心，就像奴仆守门不让盗贼进来一样。还要看守好无明这头驴，不能让它被贪念和欲望牵着乱跑。但是有些信仰佛教的人不能遵守佛法的这些教导，贪图名声和物利。表面上他们似乎非常清白，在安静的地方坐禅，心里却贪念五欲，被外界的色、声、香、味等引诱迷乱。这就使他们的心灵处于蒙昧之中，被贪念的绳子束缚住手脚，而使佛教所教导的各种法宝福德全都丧失了。

从人生的角度讲，这个故事里的奴仆可能文化程度不高，却会咬文嚼字，机械地执行命令，结果忠心耿耿的他却办了件令人哭笑不得的蠢事。看来只有全面地理解一项任务的性质和目的，才能够把事情办好。

这也说明，只有忠诚没有能力，是产生失误的原因。在选拔人才托以重任时，必须清楚这一点。再者，主人希望奴仆老老实实地守住家门，可奴仆却想出外听听弦歌，由此才自作主张，把主人的嘱咐理解错了。可见这种人的忠心，也是大打折扣的。所以这个奴仆的错误一是过于机械，二是不能专心完成主人交代的任务。而不能专心完成任务，又是由于心中有着贪念，受了外界的诱惑。这些因素综合起来，就使他做了这样的蠢事。因此，人不但得有看清事物本质的眼光，更得有抵御外来诱惑的能力，只有这样，才能分得清孰轻孰重，而不虚度自己的一生。

偷嫠牛喻

—— 如此破案

有一个村子，全村人共同偷了一头牦牛，又杀掉一起分吃了。

牛主人跟踪找到这个村子里来，问村子里那些人说："我的牦牛是不是在你们的村子里？"

偷牛的村子里的人说："我们并没有村子。"

牛主人又问："你们村子里有一片池子，你们是不是在池边吃的牛肉？"

村里人回答说："我们并没有池子。"

牛主人又问："池子边有没有树？"

他们回答说："并没有树。"

牛主人于是再问："你们偷牛的时候，不是在村子的东边吗？"

他们照样回答："我们村子没有东边。"

牛主人又问："你们偷牛的时候，不是正好中午吗？"

他们还是回答："并没有中午。"

这时牛主人反问他们说："即使没有村子，没有池子，没有树，然而天底下哪里会没有东边，没有中午呢？我知道你们说的都是谎话，是靠不住的。牛一定是你们偷吃了，是不是？"

这次他们才不得不说出真话："是的，确实是我们偷吃了。"

这个故事譬喻破坏了佛教戒律的人也是这样。这种人为了掩盖自己的过失，什么都不承认，佛教认为这种人死后必将堕入地狱。天上的神人能用天眼观察人世，什么都瞒不过他，就像这伙偷牛的人，无论怎样说假话，也是无法欺骗别人的。

林肯曾说：“你可以一时欺骗所有人，也可以永远欺骗某些人，但不可能永远欺骗所有人。”对于那些想掩盖事实真相的人，多向他们问几个为什么，他们就会露出马脚。事实总是难以掩盖的，狐狸的尾巴总有露出来的时候。这使我们想起了那句熟悉的话：“假的就是假的，伪装应当剥去。”然而，要剥去掩盖罪行的伪装，还有待于人们追根寻底，向那些信誓旦旦说假话的人发起有理有据的质问。否则伪装就会产生作用，罪行永远无法大白于天下。

这个故事又说明一个道理，那就是凡是干了坏事的人，都不会老老实实地承认自己的罪行，所以伸张正义的人，绝不能听信干了坏事的人的说法，一定要用事实揭穿这种人的谎言，否则他们就会用谎言欺骗全天下的人，那样的话，坏人的罪行造成的恶果就会变得更为严重。所以坚持正义的人有一项重要的任务，就是用事实揭穿坏人的谎言。

贫人能作鸳鸯鸣喻

——该叫时不叫

某国的国庆节，按习俗，在这一天所有的妇女都应该手拿着莲花作为装饰。只有一个穷人的老婆没有莲花，她觉得非常不体面，就对她的丈夫说："要是你能给我弄到青莲花，我是你的老婆；要是弄不到，我只有离开你了。"

她的丈夫平时很会学鸳鸯叫，于是就学着鸳鸯叫，潜到国王的御花园里，准备偷花池里的青莲花。

当时看守花池的人听到动静就问道："池里面是谁呀？"

这个穷人一紧张竟失口回答说："我是鸳鸯。"

于是守池的人就把他捉住了，要押送到国王那里去治罪。在路上他又学起了鸳鸯叫，看守花池的人笑他说："你该叫的时候不叫，现在叫还有什么用呢？"

这个故事譬喻世间愚人也是这样，一辈子都在干残害众生的诸多恶事，不在内心修行佛法，以引导内心向善，到临死的时候却说："我要做好事。"但小鬼还是要把他带来见阎王，这时想做好事也来不及了。

中国有句古话："鸟之将死，其鸣也哀。人之将死，其言也善。"这似乎是一件好事，至少不是死不悔改。但在佛教看来，一生不知道忏悔，临死时才说我要做善事，不是太晚了吗？这也说明他这时要做善事，并不是出于真心，而是想用这个办法挽救自己的死亡，以求阎王放过自己。善是发自心底的念头，而不是一时做给人看的戏剧，虽然亡羊后可以补牢，但机缘一过，却难以再返。

从另一个角度讲，这个人以为自己有点小技巧，就想去偷国王花园里的莲花，这本身是把技能用到不正当的事情上去了。在这种情况下，不管你怎样熟练地掌握一种技艺，它也不会帮助你得到好的结果。如果能把这个技艺用在正当的场合，就算不太高明，也会让人们对你刮目相看。

野干为折树枝所打喻

——动物的思维

有一只形状像狐狸的小动物名叫野干，一天它在树下休息，一阵风吹过，树上掉下来的树枝正好砸在它的背上。于是它马上跳开，来到一片露天的地方，长久地闭上眼睛，不愿意再看到那棵树，也不想回到树下去。后来，它终于睁开了眼睛，远远地看见一阵风又吹过那棵树，所有的树枝都在摇动着，它就自言自语地说："树在召唤我呢！"于是又重新回到树下去了。

这个故事譬喻愚痴的佛家弟子也是这样，他已经出家，亲近师父和长辈，这是对的，但仅仅由于受到了小小的批评就逃走而不再继续跟随师长修行佛法，这就是不对的。如果后来他又因为受到恶人的欺侮而回到师长这里，这就表现出对佛法的信仰不够坚定，变来变去，可以肯定他不可能学好佛法。由此可知，人要做一件事，必须信念坚定，不能动摇，坚持不懈，这才是最大的聪明。如果总是观察风向，见风使舵，似乎非常聪明，其实就是一种愚蠢，最终也不能把事情做好，自己的事业也不会获得成功。

事情是好是坏，往往由人们的心情所决定。心情好了，本来不愿去的地方也乐意去了，本来不想干的事，也痛快地干了。因此，要永远保持最佳状态，不受外在环境的干扰，不轻言放弃。

小儿争分别毛喻

——不答之答

从前，有一天，有两个小孩在河里玩耍，他们在河底捞到一把毛。

一个男孩说："这是仙人的胡须。"

另一个男孩说："这是熊身上的毛。"

两个小孩正争执不下，这时河边来了位仙人。两个小孩就跑过去请他判断，究竟这是仙人的胡须呢还是熊身上的毛。

可是这位仙人，并不马上下判断，只见他从自己的包里取出一小撮米和芝麻，放在嘴里嚼一嚼，吐到手掌上，给两个小孩看，说道："看，我手掌里的东西像孔雀屎。"

这个故事譬喻世间愚人也是这样，在听佛祖说法的时候，他会东拉西扯，不认真听讲和研究其中的道理，像那仙人一样，不回答人家的问题，或者答非所问，这就会被人们嗤笑。而那种只会说些浮泛散漫的空洞大话的人，也与这种不好好回答问题的仙人一样，是对人没有帮助的。佛教认为如果懂得了佛法，就有义务讲给别人听，宣讲佛法，这也是一种莫大的福德。凡是修习佛教的人，都应这样做。

从人生的角度看，这个仙人没有回答他们的问题，却又像是回答了他们的问题，这也是一种机智的态度。对于他的行为与说法，关键看你如何理解，也许是他压根儿就不知道这是什么东西，也许是他想告诉两个小孩：你把它理解为什么东西，它就是什么东西。模棱两可，固然可以不局限人的思路，但更可能因此而失去循序渐进得知真理的机会，从而陷入细枝末节的纠缠。

医治脊偻喻

—— 笨办法

有一个人身体成了驼背，想请医生矫治过来。这个医生先是用了一些酥油涂在他的背上，然后把他绑在一块木板上，叫他仰卧着，之后人站在他身上狠狠地向下用力，想把他的背踩平。

没想到把这个人的两个眼珠子都踩出来了，结果驼背依然没有治好，背还是驼的。

这个故事譬喻世间愚人也是这样，为了得到福利，要从事某种行业，如商贩之类，但为了谋利却不惜做些非法的事，所以他的事业虽然也能有一定的获利，但却不能弥补做非法之事带来的祸害，将来必定会堕入地狱，就像故事中所说的两个眼珠子都被踩出来的人一样。

从故事本身的内容来看，这个医生不是根据医理科学地给人治病，而是想当然地用粗鲁的物理方法去整治病人，这样不出人命才是怪事，谁碰到这样的医生谁倒霉。可惜的是，这样的医生，在世间并不少见。对此又引出更深一层的思考，眼前一时的利益真的能带来永恒的安详与宁静吗？当浮华过去，失去的可能永远也无法挽回。

五人买婢共使作喻

——一个与五个

曾经有五个人，共买了一个婢女。在同一天里，五个人都要婢女先给自己洗衣服。

婢女说："我只能先洗一个的，然后再洗另一个的。"

于是她就要先洗其中一个人的衣服，但第二个人就大发脾气了，说道："我同样出了钱买你，怎么能单单给他先洗呢？"就抽了婢女十鞭子。

婢女只好给他先洗，但其余四个人又同样发了脾气，同样各抽了婢女十鞭子，共计五十鞭。这个婢女很快地就这样被打死了。

这个故事是说佛教所称的五阴也是这样。五阴，又称五蕴，指色、受、想、行、识，五阴是一身的总体，这个身体就是色、受、想、行、识这五类事情的合成物，在人的生老病死过程中，五阴会产生无尽的苦恼来折磨人们。在这个故事里，五人就是比喻五阴，一婢就是比喻众生。众生在五阴的限制下，会受许多困扰，产生无穷的烦恼。所以人要摆脱五阴的束缚，就像这个婢女要摆脱这五个人的控制一样，这样她才不再有苦难与烦恼。

这个故事与中国的成语"十羊九牧"颇为类似，当家的多于听使唤的，就会使人无所适从。遇到事情最好只由一个人来做主，不要让几个不相干的人都来做主。自己的事自己做主，就会按照自己的愿望来做事。如果让不相干的人来做主，你就会成为他们的奴仆。在需要众人合作的场合，也要通过最好的程序来选定一个做主的人，才不会发生你争我抢的混乱局面。所谓的做主的人，不是一个家族里的父母，而是共同的平等基础上的公仆。否则，公仆变成了众人的主人，众人就变成了奴仆。作为个体，则需要守住自己的内心，遵循自己的本性，这样才能摈弃外来的种种干扰，使自己达到返璞归真的境界。

伎儿作乐喻

——空快乐与空报酬

曾经有一个很有名的音乐师，国王请他到宫中演奏，事前答应给他一千两银子。演奏之后，他向国王讨银子，国王并不想给他。原来国王想赖账，就对音乐师说：“你奏乐给我听，不过是让我空快乐一场，并没有使我得到什么实在的东西。我许愿说给你银子，也只是想让你快乐一下而已，并不是真正地给。”

这个故事譬喻世间果报也是这样，无论是生为人，还是生在天上的仙人，在佛教看来，那些所谓的快乐，只不过是空有其名而没有实际内容的假象，都会随着各种因素的变化而变化，不能长久存在。所以中国人说好花不长开，好景不长在。一旦好花谢了，好事完了，就是令人难受的状态。这时就会知道所谓的快乐是虚幻的。故事里所说的国王，他知道乐师演奏音乐而让人快乐是虚幻的，所以他就理直气壮地不付给乐师报酬。

但在人生之中，这个故事却说明总会有些不守信用的人，常常口说无凭，契约也不一定有效。有权力的人，可以随便地说话不算数，因为无权力的人对他无可奈何。然而，无权力的人下一次就不再相信你的鬼话。失去了人心，就很难挽回，其损失远远超过了那一点金钱。

师患脚付二弟子喻

——害己之人出自门下

从前有一个老师，有两个得意的学生常跟随左右。他的两只脚有点毛病，常常麻木，很不舒服，于是就叫两个学生一人负责一只脚，随时替他按摩。

但这两个学生，平时相处得很不好，互相嫉妒，一直你讨厌我，我厌恶你，相互间有很深的仇恨。

有一次，其中一个学生走出去了一会儿，另一个学生就把这个学生负责按摩的老师的那只脚用石头砸断了。

这个学生回来后见到这一情景，非常愤怒，一时咽不下这口气。为了报复，也马上把另一个学生负责按摩的老师的另一只脚砸断了。

这个故事譬喻修习佛法的人也有这种情况，比如修习大乘佛教的人就会批评小乘佛教的人，而信小乘佛教的人，又会批评大乘佛教。这样就使佛教中的大乘和小乘两类法典都趋于消亡。这对于佛教的传播是非常不利的，而偏执于一方的人却只知道指责与自己意见不同的人，不懂得综合起来共同探讨其中的道理，而使佛教获得更好的发展。

从人生的角度看，相互的嫉妒会使人丧失起码的理智，于是不惜破坏一切。表面上看，最终牺牲和遭到损害的是老师，其实恰恰是两个学生自己。最受人们忽视的往往是祸起萧墙，害己之人出自门下。

而这种情况并不少见，人们在从事同一种事业时，必然会有竞争，这是正常的情况。对待竞争，应该由自己加倍努力，通过自己的成就在竞争中取得主动地位，而不能通过不正当的手段，去陷害竞争对手。如果采用这种手段来打击竞争对手，暂时可以使自己获利，但最终必将使自己也受害。因为你害对手，对手也不会放过你，于是正常的竞争变成了双方的互相攻击与陷害，这就会影响到你事业的正常进行，对事业的发展也是不利的。所以在竞争面前，正道就是努力发展自己的事业，让对手在竞争中不能取胜。像这个故事中所说的两个学生，为了竞争，不惜残害了自己的老师，这样的做法，能让自己学得更好吗?

蛇头尾共争在前喻

—— 头尾争胜

有一条蛇，和别的蛇一样，有一个头和一条尾巴。

有一天，蛇尾巴对蛇头说："今天我应该走在前面。"

蛇头说："这怎么可以呢？因为从来都是我走在前面的。"

争了半天，各不相让，于是蛇头就自己向前走去，但蛇尾巴紧紧地缠住树，蛇头走不动，只好让尾巴走前面。不料尾巴向一个火坑走去，这条蛇就被烧死了。

这个故事譬喻师徒关系，徒弟总说师父年纪已大，继续当领导就不合适了，而我们都很年轻，应该培养我们来做带头人才对。可是年轻的徒弟对于佛教的戒律不像师父那样熟悉，所以在修行时经常会出现一些错误。可知让他们来当领导也不合适。如果师父听了徒弟的埋怨就让位给徒弟，就会由于徒弟的不成熟而出现错误，使师父与徒弟都受到牵连，不能修成正果，一齐堕入地狱。

这说明在社会中，分工和秩序在很多时候是必要的，随意打乱了它，虽说不一定就导致灭亡，但至少是会混乱不堪。因此，对不合理的分工和秩序，要用渐进的方式改变它。然而，现有的分工和秩序，已使某些人拥有了一定的地位与权力，你让他们做出改变，他们马上会使整个事情陷入混乱状态。所以既存的秩序是很难改变的。如果大家处于同一个组织或单位内，在合理的分工基础上做好配合就是更重要的。因为这样才能发挥组织的全部能量，把整个事情做好。这样对于领导和被领导的人来说，都是好事。如果内部发生分裂，就不可能凝聚全部力量把事情做好，而只会把事情搞垮。就像蛇头与蛇尾相争一样，整体都受到了损害，对谁都不利。另外，需要建立合理的制度，使分工总能处于合理的状态，如果分工不合理了，这个制度就会及时做出调整。只有这样的制度与分工，才能使大家齐心合力做好全部工作。

愿为王剃须喻

——只要自己喜爱的

有一个人，跟随国王很多年，对国王特别忠心，国王也非常信任他。

有一次，国王率领军队和敌人作战，结果自己却陷入敌阵，万分危险。这个人拼命去救，终于使国王得到了安全。

国王高兴得不得了，想好好地补偿他一下，就征询他的意见说："你心里有什么要求就说出来吧，无论你有什么要求，我都会满足你的。"

这个人回答说："我只有一个心愿，今后大王剃胡须的时候，是否能让我来给大王剃？"

国王一听竟是这样的要求，就微笑着说："你既然喜欢这个差使，我就答应你，满足你的愿望！"

这样，这个人就放弃了其他可以满足的要求，当起了国王的剃须匠。

这个故事譬喻蠢人就是这样。诸佛都经历了无数劫难苦行，才成就了正果。遇佛出世难得，闻佛遗教难得，人身更难得，就好像大海中的盲龟，遇到浮在水上的木块上的一个孔，是极为难得的。人身难得已得，佛法难闻已闻，这两个很难遇到的机缘都遇上了，但他却心意懈怠，无心积极进取，自己做些不合正法的坏事，便觉得已经很满足了。

在人生中，真是人各有志，这个人所要得到的报偿看似微不足道，令人不可理解，其实难说他不是别有所图，只是他所希望的可能是别人想都想不到的。当然，也有人认为他的行为体现了有恩不图报、有功不自居的美德。总之，这是一个可爱的人物，其可爱在于单纯、无贪欲。做这样的人，应该说必有愉快而轻松的人生。从这个角度讲，一个人只要能得到自己所喜爱的，不论他喜爱的东西是大是小，只要是适合自己的，就是最好的。如果一个人能这样来面对人生，他就不会有许多烦恼，这种快乐也是别人所不能感受的。只要不是缺乏眼光的因小失大，自己的选择终究值得尊重。

索无物喻

——"无物"也是物

从前有两个人一起在路上走，碰到一个人拉着一车装满芝麻的车子，正在崎岖的山路上艰难地行进着。

当时拉车的人对他们两人说："请你们在后面帮我推一下吧，让我拉出这段路。"

两个人问拉车人说："帮你推车，你给我们什么报酬呢？"

拉车人回答说："无物给你们。"

于是两人就帮他把车子推到了平地，接着又问他要报酬，说道："把物拿给我们吧。"

拉车的人重复说："无物！"

可是两个人中的一个人硬要报酬，说："那么，你就把'无物'给我们吧！'无物'，也是一件物啊！"

他们这样固执，老是伸着手要东西，不肯收回去，把拉车的人弄得很糊涂，一时摸不着头脑。

不过这个时候，两个人中的另一个人却明白过来了，微笑着对他的朋友说："他不肯给我们，不值得发愁。"

可是这个人仍在说："把'无物'给我们，他说给我们'无物'，就一定有'无物'。"

另一个人说："'无物'，是'无'和'物'两字的合称，这是借用'无'和'物'两字而已，它并不代表真是一件具体的东西。"

这个故事譬喻世俗凡夫对于事物的理解总是执着于一种具体的东西，而现实中许多名词都不过是一些字的组合而已，并不代表真有一件相应的东西。像'无物'这个说法，就是从无所有处产生出来的。所谓无所有处，是人们的通常意识所无法理解的地方。知道无所有处，就会明白"无物"是不代表什么具体的东西的。

一个人说"无物"，就是"无"与"物"两个字联结起来而形成的一个名称，在佛教中，这都是假名。所谓的假名，是指假借其他的东西而得名。而且一切事物无有实体，有名无实，所以称为假名，实际上就是没有。所以物既是有名无实的，就不可能拿出一个"物"来，更何况是"无物"呢！

佛教用这个故事说明人们应该认识到世间事物的虚幻，懂得无相、无愿、无作的道理，这样就能到达涅槃的彼岸。

从现实的人生角度看，这是一个咬字眼的故事，仔细分析起来又像是在讨论玄妙的哲学问题。在常人看来，是难以理解的。对常人而言，能看见的东西才是东西，而在哲人看来，看不见摸不着的东西也同样是东西。佛家思想，能给人这样的启发，让人们懂得一种抽象的思维方式，应该说这是它的可贵之处。

踢长者口喻

——拍马不可性急

从前有个大富翁，因为很有钱，周围的人对他毕恭毕敬的，都想讨他的好，巴结得无微不至。

这个富翁好吐痰，他每次把痰吐到地上时，左右的人就争着用脚去擦掉。其中有一个人，每次都落后，虽然他时刻在等着机会，却总也抢不到机会表现一下，于是他就想："要是等他吐到地上再去擦，那是肯定轮不到我了。我要等他想吐的时候就去擦。"

正想到这儿，那个大富翁咳了一声，正想吐痰的时候，只见这个人连忙拨开众人，冲到前面去，飞起一脚踢在大富翁的嘴巴上，没想到竟把大富翁的嘴巴踢破了，牙齿也踢断了。

大富翁生气地责问他："你为什么踢我的嘴巴？"

这个人老实地回答说："如果您把痰吐到地上，左右拍马屁的人，就会首先上前擦掉。我虽然也想擦，但却抢不过他们。所以这次还没等您吐出口，就举脚先擦，希望能讨得您的喜欢。"

这个故事譬喻不论做什么事，都必须及时，时机还没到，不管怎样费力也是不讨好的，反而会增加烦恼。因此世人应当知道什么时候是时机已到，什么时候是时机未到，而能辨明时机的到与未到，又不是一件容易的事。但一切事物想做得成功，时机合适与否，又是至为关键的。因为在佛教看来，一切事情都要借助时节和因缘，事情并不是独立于客观世界之外的孤立的事情，它受许多外在环境的时节与因缘的限制，所以准确地把握时节与因缘，是非常重要而极为困难的。如果时节、因缘没有成熟，勉强去干，反会生出苦恼。所以应该懂得什么才是合乎时宜，什么是不合时宜。在合适的时候做合适的事，在应该的时候做应该的事，才是顺应大道的做法。

二子分财喻

—— 绝对平均

在南天竺的摩罗国曾有个人，稍微有一点财产，当时他得了重病，自知必死无疑。于是就把两个儿子叫来，吩咐他们说："我死以后，你们要好好平分我的财产。"

两个儿子倒也听话，在父亲死后就把遗产分作两份。可是分来分去总也分不平均，不是哥哥说多了，就是弟弟说少了，弟兄俩终于争执了起来。

当时有个老头子来为他们调解，说道："不要争了，我来教你们如何把东西分得平均。应该把所有东西都破作两份，各人拿一份，这样最平均。"

没想到弟兄俩真的照这个办法来分了，他们把每一件衣服都从中间剪开，把锅、碗、瓢、盘和柜橱、凳子、桌子等用具都破成两半，甚至把银钱也每块都破成两半。这样，一切财产就都被毁坏了。

这个故事譬喻外教修道的人，只注意研修一种分别论。按说，论门有四种：一是决定答论门，比如，一切人都会有死的时候。二是分别答论门，比如，死者必有下一世生，应当分为两种情况：小乘极果阿罗汉一切漏尽，没有贪爱，后世中便不再生；贪爱未尽的就定有下一生。三是反问答论门，比如问，人是不是最优越，就应当反问，你是问跟三恶道比，还是跟诸天相比。如果是跟三恶道相比，人就是最优胜的；若是跟诸天相比，人就不如诸天。四是置答论门，比如问十四个极难回答的问题，如问到世界和众生有边、无边、有终始、无终始一类的问题，因为问题的本身就包含着我见、边见、常见、断见等邪见在内，所以就不应作答而应置之不论。一些外教修道人由于愚痴不明正理，又自以为具有智慧，就毁弃了四种论，另取了一种分别论，这种分别论，就像前面说的那个愚人一样，分财物就把物和钱都破坏成两半。

从人生的角度讲，在现实中不能追求绝对的平均。为了追求绝对平均，不惜破家毁舍，以致一无所得，这是看似聪明实则愚蠢的做法。看来要想绝对平均，还只有学两兄弟这样，舍此别无他法。延伸开来，失去和得到在物质上没有绝对的平衡，因此不能简单地用金钱的多少和物质的丰寡来衡量这些，看起来是得到的，可能背后往往是永远的失去。

观作瓶喻

——忘了正事

有两个和尚去参加一个法会，途中经过一处窑场，就停下来看窑工们踩着转轮做泥瓶子，觉得很有意思，因此就看了很久。

后来一个和尚觉得看得太久了，就独自一人匆匆离开，赶到法会，吃了一顿很丰盛的饭菜，又分到了一些珍贵的物品。

另一个和尚，只顾再看，完全忘了一切，还不时地自语说："让我看他做好这一个泥瓶子再走。"

可是窑工做了一个又一个，他也看了一个又一个，一直舍不得走。这样一直到天黑，他还在那里看，终于没有去成法会，既饿了一天肚子，又没得到任何物品。

在这个故事后面，有一首偈语：

今日营此事，明日造彼业。
诸佛大龙出，雷音遍世间。
法雨无障碍，缘事故不闻。
不知死卒至，失此诸佛会。
不得法珍宝，常处恶道穷。
背弃于正法。

彼观缘事瓶。终常无竟已，
是故失法利，永无解脱时。

偈语的意思是说：

人们的一生中，总是今天做这件事，明天造那种业。佛教所说的业，是指行为、造作、行动、作用、意志等身心活动。业与因果关系相结合，又指因为过去的某种行为而使现在继续受到影响。

对于人生的困扰与苦恼，佛祖的出世就像大龙一样，他的雷鸣般的法音于是布满了世间。

佛祖对人们的恩惠，就像法雨普降一样，本来是没有障碍的，但人们由于俗缘缠身而听不到或听不进佛祖的法音。

人们就在不知不觉中发现死期突然到来，于是在一生中失去了听闻佛法的机会。

由于不能听到佛祖的法音，所以人们不曾得到佛法这一珍宝，经常处于恶道穷途之中。

人们于是一生中都与正法相背离，这正像故事中那个观看别人做瓶子的人。

他终究没有得到圆满结果，因此失去佛法的关照和护佑，永远无从得到解脱。

这个故事说明，任何事物都有正反两个方面，看人如何去理解。有人认为，走了的这个和尚是聪明的，取得了多方面的收获，既欣赏了做泥瓶子的技艺，满足了视觉观感的需要，又没耽误参加法会，得到物质上的极大满足；而另一个和尚只是一味地满足了自己的观赏乐趣，结果却失去了最重要的物质满足。

见水底金影喻

——水中捞金

有一个青年，走到一处池边，看到池中水底像是有一块金子的样子，禁不住高声地叫唤一声说："啊！原来有一块金子。"于是就跳入水中，翻动着稀泥寻找，直到很疲倦也没有找到，只好爬上岸来休息。

过了一会儿，水变清了，水底又现出了那块金子，他又急不可待地跳入池中，翻动着稀泥再次寻找，结果仍然是找不到。于是又爬上岸来，看着池水发呆。

他的父亲半天没见着他，就找到了池边，见他傻呆呆地坐在那儿，就问他说："你在干什么，累成这个样子？"

儿子告诉父亲说："父亲，我看见水底明明有块金子，可是两次下水去，翻遍了稀泥也找不到，反而累得不得了。"

这位父亲向水底看了一会儿，就料定那是金块的影子，金块一定是在树上，他说："儿子，你上树去找吧，一定是鸟儿衔来的，搁在那儿了。"

儿子听了这话，爬上树去找，果然找到了金块。

这个故事譬喻世人也是这样愚痴和不智，他们不懂佛教的道理，在人生的五阴当中，幻想出许多以自我为中心的虚假不实的想法。这就像故事里的那个青年在水中看到金子的幻影，跳到水里苦苦寻找，累得精疲力尽，结果还是一无所获。这就是不懂佛法而在人生中受苦受累的原因。

“水中捞金”的故事类似于中国的“水中捞月”，只不过前者通过改变途径，最终还是得到了金子；而后者不明就里，所以月亮永远是捞不着的。两者同样都表明，事物的根源往往不在事物所呈现的表象那里。聪明人透过表象找到了根源，愚笨的人迷惑于表象，反复地干着傻事。

这个故事还说明，眼睛所看到的事物的表象，不一定就是事物本身。中国俗话说“眼见为实”，在这个意义上，也并不一定是真理。有的时候，你所看到的，是别人故意布下的迷魂阵，是假象。有的时候，你所看到的，是事物的表象而与它的实质并不一样，不能直接把事物的表象看作事物的实质。这一点是科学思维的一个准则。许多人在现实中只相信眼睛所看到的，却不用头脑进行思考，所以即使亲眼所见，也不一定真正了解事物的真相。

梵天弟子造物因喻

—— 弟子造人

在众多的婆罗门教徒中有一个共同的认识，说大梵天王是世间万物的创造者，世间万物都是由他创造的。而他有一个弟子，偏偏不信这个邪，认为自己很聪明，也应该能创造出万物来。

一天，他对大梵天王说："我也想创造万物。"

大梵天王告诉他说："最好不要动这个念头，你是造不出来什么的。"

弟子没有听从他的话，就自己去造了一个人来。人造好后，就去问大梵天王评价如何。大梵天王看了他造的人后，指出："头太大了，而脖子又太细。手大得吓人，而胳膊又细得不成样子。脚很小，但脚后跟又大得不得了。简直像个魔鬼！"

从这个道理来思考，就该知道每一个人和众生的命运都是根据自己的所作所为的因果关系所决定的，并不是全由大梵天王控制着弄出来的。

这个故事譬喻诸佛的说法，不受事物的间断性与事物的永恒性两种偏见的影响。佛家认为现世的一切都有它的原因，而且它本身又是将来一切事物的原因，事物总是处于这种因果关系之中。

这种因果关系的说法，被人们庸俗化了，认为现世的罪是由于前世做了坏事，现世如果行善，来世就不会受苦等。这样理解因果关系是错误的。因果关系是分析事物的发生、发展、形成、变化以及相互关系时的重要思想。因为世界上的一切事物都不是孤立的，都与其他事物存在着复杂的相互关系。受这些复杂的相互关系的影响，各种事物的发生、发展、形成、变化等，就不是只由自身所能决定的。所以要分析一种事物的发生、发展、形成、变化，就不能只看这种事物本身的情况，也要全面分析这种事物与其他事物的相互关系。而且这种事物在时间上也与其前和其后的事物有着联系，所以又要分析与这种事物前后相关的事物及其相互之间的影响和关系。从这个意义上理解因果关系的学说，才是正确的。常见和断见，都是割裂了一种事物与其他事物之间的联系，割裂了这种事物与其前其后的事物之间的关系，所以是一种片面的认识。人们在现实中之所以对事物的认识不够准确，往往是由于不能全面分析这个事物与其他事物之间的相互关系和影响。

这个故事是譬喻佛教的佛祖说法，不会执着于类似常见或断见那样的偏见，他说的佛法是有道理的。而其他的外道教派的说法，就往往不能摆脱种种偏见，因此他们的说法就是似是而非的，所说的并不是正法。

病人食雉肉喻

—— 只吃一次

从前有个人，得了一种病，而且病得很厉害。请了一个医术很高的医生给他看病，医生告诉他说：“你要长久地坚持吃野鸡肉，这样你的病才会好。”

于是这个病人就上街买了一只野鸡，吃了一次之后就不再吃了。

医生后来碰到他的时候，问他吃野鸡肉对治病灵不灵，他说：“我也不知道，不过我吃过一次野鸡肉就没有再吃了，因为我想我已经吃过一次了，效果也应该和长久吃没什么两样，所以就没有再吃。”

医生一听，觉得好笑，说：“这怎么能行呢？你要一只一只地长久吃下去，一直吃到病好为止。哪能指望吃一次就把病治好呢？”

这个故事譬喻一些外道教徒也是这样。他们听到无上良医——佛、菩萨说法，应当解悟心识是一念一念不断产生和消失的，因此心识是无常的，外教徒等由于执着常见，就认为过去、未来、现在总只是一个心识，不会有什么变迁更替，犹如只吃一只野鸡，所以不能治好他们的愚痴烦恼之病。具有大智慧的诸佛教导一些外教徒除去他们的常见说：一切事物和现象都在每一短暂的心念中不断发生生灭变化，哪有一个心识是恒常不变的？像那位名医教病人吃野鸡肉可以治好病一样，佛也教众生，使他们得到解悟，经常观察一切事物和现象有生必有灭，所以不是常；有灭必有生，所以不是断。这样才可以完全除掉常见之病。

人类可以不断地通过心的思考来推进对于事物的认识，从人生的角度看，治病的道理也和其他事物一样，事事必须一点一滴地干，效果必须慢慢地积累。否定过程，只要结果，往往是行不通的。不少的人都像这个病人，自以为是，做事总是浅尝辄止，不能善始善终、持之以恒，所以总也干不出大事业，一辈子庸庸碌碌。这说明要做成一件事，贵在坚持。但也要看到有些事是不是值得去努力和坚持，在决定做一件事之前，对这个问题也要加以充分的考虑。

伎儿着戏罗刹服共相惊怖喻

—— 鬼是人造出来的

从前有一班戏子，因为当地闹饥荒，年成不好，于是他们就带着行头要到很远的地方去演戏，以求谋生。

这一天，因为天黑得快赶不到街市上投宿，他们只好在一座山中过夜。这些戏子都听人说过，这座山里向来不安全，就是因为这里住有吃人的恶鬼罗刹。当晚，山上有风，天气冷得不得了，他们就烧起一堆火来取暖，大家对着火躺着睡觉。

到了下半夜，其中一个戏子还是冷得受不了，他就随便拿了一件戏衣穿在身上，坐着烤火，碰巧这件戏衣是舞台上恶鬼罗刹穿的。

过了一会儿，那些睡熟了的戏子中有一个人醒了过来，睡眼蒙眬中一看火边坐着一个吃人的恶鬼罗刹，正面对着大家，吓得爬起身来就逃。

这么一下，惊动了大家，于是大伙儿也都跟着逃了起来，东西也顾不上拿了。

那个穿恶鬼罗刹戏衣的人，看见大家都逃了，来不及细想，也认为恶鬼真的来了，拼命地跟在大家后面狂跑。

那些逃在前面的人，看见后面有一个恶鬼紧紧追来，就更加感到恐怖，于是就逃得更快。真是慌不择路，不管荆棘和石坎，也不管小河和沟壑，都没命地飞奔过去，弄得人个个身体都有创伤，疲惫不堪。一直到天亮，大家才知道，那并不是恶鬼罗刹，而是同伙。

这个故事譬喻一切凡夫也是这样，他们处于烦恼之中，想得到某种好的教导或学说，帮助自己摆脱人生的烦恼，由此获得一种永远快乐而没有痛苦的生活。但人们受到各种偏见和错误意识的影响，不能正确认识人生与世界，有时还把错误的学说当作正确的来奉行，这样就会使自己永远在烦恼中挣扎。这个故事中说直到天明了才知道夜里所看到的并不是鬼，才认识到事情的真相，这是比喻人得到佛法的启示，才能认识事物的真相，而不再受偏见或错误学说的误导。

几千年来，所谓的“鬼”一直都在折磨着人们，恐吓着人们。其实，一旦揭开来就会发现，都是疑心生暗鬼，是人类自己吓唬自己，也有少数人利用这一点吓唬别人。正如常言所说：“心中无鬼不怕鬼，心中有鬼难自安。”当然，“鬼”的产生，还需要一种环境。光天化日之下，你装鬼，别人也不怕。环境一变，你不装鬼，别人也把你当成鬼。所以问题的关键是不要营造有“鬼”的环境与气氛。人生之中许多错误的理论或学说，也会使人心中产生“鬼”，可以说人应该懂得选择正确的理论与学说，而不受偏见和误说的影响，也就不会被所谓的“鬼”愚弄了。

人谓故屋中有恶鬼喻

—— 对方是鬼

有一座老屋，大家都说里面有鬼，所以都感到很恐怖，没有人敢在里面住宿。当时有一个人自称胆子很大，他对大家说：“我不怕，我就进去借宿一晚上吧。”他就进去住宿了。

当时还有一个人，称自己的胆子比头一个人还大，也想进去住宿。于是他走向前去就要推门，不料先进去的那个人，以为推门的是鬼，就拼命堵住门不让他进去；而推门的这个人也认为里面挡门的是鬼，也拼命地推着门，要进去和鬼搏斗。

后来终于推进去了，两人都认为对方是鬼，又都仗着自己胆大，黑暗中斗得不可开交。一直打到天亮，才都发现对方不是鬼。

这个故事譬喻一切世人也是这样，一切事物都是由于不同的因缘暂时合在一起而产生的结果，这里面谁是真正的主宰，是无法说清楚的。所以人们如果为此而产生争论，各执己见，就永远不会得出正确的结论。这个故事中说人们都认为对方是鬼，而不能认清事实，所以才会做出愚蠢的行动。故事能把事情说清楚，听故事的人也会知道故事中的人是愚蠢的，但人们如果自己处于故事的那种环境中，就未必能像旁观者一样清醒了。所以许多故事所讲的道理，在说的时候是简单明白的，而在现实情况下就不是那么简单和清楚了。

这个故事还是讲鬼，所谓的鬼，是指人们心中有鬼，心外并没有鬼。不明真相，对方就是鬼；明白了真相，大家都是人。正所谓：坦荡真君子，疑心生暗鬼。往深里说，疑心所生暗鬼，还不是真正的鬼。最可怕的是，疑心越来越重，甚至占据了整个心灵，于是暗鬼就变成了真鬼。人与人的关系，也就变成了人与鬼的关系。因此大家应当弃恶扬善，让自己心里正的一面占据全部的内心，那么负的一面就失去了施展的市场。

五百欢喜丸喻

——一切凭运气

从前有一个妇人，荒淫无度，毫无廉耻，又恨丈夫碍手碍脚，常常想办法要谋害丈夫，只可惜想尽了种种办法也未能得逞。

恰好她丈夫被国王派遣要到外国去，她就做了五百个欢喜丸子，暗中掺进了毒药，准备毒死他。她欺骗丈夫说："你现在要到远方去了，路上肯定会很辛苦，吃的用的也不会很方便。我替你做了五百个欢喜丸子，你带上，路上就当作干粮吧。不过要记住，你只有出了国境到了别国境内，饿得实在不行了，才能吃这些丸子。"

丈夫一点不晓得，听了这话还很感谢妻子的一番好意，告别了她就出发了。

第一天，他就出了国境，来到了邻国的境内，因为他并没有感到饥饿，所以带的丸子一个也没有吃。

天黑了，他就在林子里过夜。他怕野兽来袭击，就爬上树去睡觉，五百欢喜丸子都被他忘了带上树去，就丢在了树下。

不料当天夜里，碰巧有五百个强盗，刚刚偷了邻国国王的五百匹御马和许多宝物，来到树下休息。由于跑得急，他们又渴又饿，忽然看见树下有一包欢喜丸子，真是太高兴了。正好五百个丸子，他们倒也够义气，一人一个。丸子里的毒掺得很多，不大一会儿，五百个强盗全部被毒死在树下。

这个人在树上一觉睡到大天亮，睁眼一看，见这么多的强盗都死在了树下，似乎明白了是怎么一回事了。他灵机一动，就拿了一把刀，在每个强盗的尸体上都砍几下，像是这些强盗都是被他亲手杀死的一样，然后收集了马匹和宝物，要到邻国国王那里去请赏。

当时邻国的国王正带领大队人马前来追踪强盗，恰好在半路上碰到了他。国王问他说："你是什么人？从哪里得到这五百匹马的？"

他从容不迫地回答说："我是某国人。我在路上遇到了五百个强盗，我和他们厮杀，他们全部都被我杀死在一棵大树下了。因此，我现在就带着这些马匹和宝物，前来投奔国王。国王如果不相信，可以派人前去查看强盗们身上的创伤和被杀死的地方。"

国王当即就派他的亲信前去验证，果然不错，五百个强盗都被杀死在那里，和他讲的一模一样。国王十分高兴，不停地感叹从来没有见到过这等奇事，于是就把这个人带回了京城，大大地赏赐他许多宝物，给了他很高的爵位，还封了他一块地方。

但是，这样一来，国王的那些旧臣子都生起了嫉妒之心，就对国王说："这人是从外国来的，不可太相信他。现在国王这样重赏和宠遇他，甚至超过了跟随您多年的一切旧臣子，这总有些不太妥当吧。"

这个人得知他们在国王面前说自己的坏话时，就大声地威胁说："如果谁有勇气，是个好汉，能够和我比试比试，就请到广场上和我比试比试吧！"那些旧臣子听到这话，个个都吓得不敢作声了。

不过后来，他们又想出了另外的办法。当时他们国境中的一处大荒野里有一头凶恶的狮子，在那里截路吃人，阻碍了很多地方向国王进贡，没有人能够制服它。这些旧臣子就对国王说："这个外国人既然这样勇武，号称天下无敌，那么请他去捕杀这头狮子，替国家、替百姓除去这个大害，难道不是很好吗？”

国王一听这话也有道理，就赐给了这个人一把刀和一根棍，叫他去杀狮子。

这个人虽然心中暗暗叫苦，但既然是国王的派遣，也只好硬着头皮，壮着胆子，去荒野中捕杀狮子。

狮子看见了他，立即怒吼起来，向他扑了过来。他吓得一身冷汗，急忙爬到树上，恐怖得只是发抖，连拿在手里的刀都抖得掉了下去。巧就巧在，不偏不斜这把刀正好掉在狮子张开的口里，不多一会儿狮子就死了。

这个人高兴得简直又蹦又跳，拖着死狮子回去见国王，国王加倍赏赐了他，别的人也只好敬服他了，把他奉为神明。

这个故事里的那个女人做的欢喜丸，在佛教中是譬喻各种以妄心贪念来做布施的行为，这样的布施就称为“不净施”，即布施的动机不纯，不干净，而有某种不好的贪求。故事中的国王派女人的丈夫出使，这是把他比喻为佛教中的善知识。他到达邻国，这是比喻他能上生于诸天，成为得道的人。杀死强盗，这是比喻善知识掌握了佛教的教义，能断除五欲以及各种烦恼。他在中途遇到国王，这是比喻他遇到了圣贤。其他大臣产生嫉妒心，这是比喻不信佛教的人看到智者能断五欲以及各种烦恼时，就会嫉妒而加以诽谤，说根本不会有这种事。这个男人慷慨激昂地说其他大臣没有人敢来与他比试，这是比喻不信佛教的人不敢与掌握了佛教教理的人相抗衡。这个男人杀死了狮子，这是比喻破除了恶魔。这种善知识既能断除烦恼，又能降伏恶魔，比喻在佛教中得到了无上正果。这个人平常畏惧胆怯，这是比喻能以弱制强，以静制动。尽管他的老婆给他五百个欢喜丸的本意并不好，如同人们的“不净施”，但是布施给了善知识，也能因此而得到各种好的果报。不净的布施都能得到这样的果报，如果是出于善心的布施，其果报就会更好。这说明应该按照佛教所说的，对于能种福田的各种人，如父母、师长、圣贤、贫穷困苦之人等，都要勤加布施。

只看这个故事，我们可以看出故事的主角不仅说不上勇敢，甚至连精明都谈不上，但是命运却偏偏一再地垂青于他，这只能归于运气，或者称为偶然性。偶然性存在于一切事物中，并且有时还是作为必然性的面貌出现的。可以相信，再倒霉的人迟早也会碰到一两桩有运气的事。不过，如果专等这一类的运气来改变自己的命运和生活，我敢说，他等到头发白了，也是枉然。所以还得听一句奉劝，与其等运气的到来，不如早点去做些实实在在的事。这说明所谓的运气，只是一种借口，人生做事不能等运气降临，只能认真做事，不断努力，时机到了，机会自然来临，这就不是运气，而是努力的必然结果。故事中的男人，被佛比喻为善知识，这说明他比别人对于佛教有更深的理解，所以好运气才会一再降临，让他不断成功。如果没有对佛法的理解，不是善知识，到了那种场合，怎么会有好运气降临呢？这个故事也就像修行的道路，坎坷崎岖，又随时都处于不停的变化之中。一个小小的选择可能就会带来不同的际遇，引起不同的后果，因此在种下因的同时，要想到未来的果。

口诵乘船法而不解用喻

——知识与操作

有一个大头目的儿子和一些商人共同到海中去采珠。这个大头目的儿子，对于驾船的方法，读过很多理论书，而且背得烂熟，他对大家说："诸位这一趟出海可以放心了，我一切都很在行的，有我在安全就不成问题。譬如说吧，在海上遇到了礁石，或者风大浪高，那时候确实是很危险的，然而只要把舵这样地握着，这样地稳住，这样地往前走，那就没有事了。这一切方法，书上都明明白白地记载着，我背都能背得出来，一字不漏。"

他一边比画着，一边兴致勃勃地炫耀着。大家都很相信，对他敬佩至极。

到了海上，掌舵人不幸忽然生了急病，无法医治，没过多久就死掉了。

这个大头目的儿子于是就顺理成章地代替了这个掌舵的职务。一日，海水果然洄流激转起来，大船只是在漩涡里打转转，大头目的儿子显示着本事的样子，嘴里念念有词地拖着腔唱道："应当这样地握着，这样地改正方向，这样地稳住。"实际上他并不知道如何驶离漩涡。结果，大船在原处旋转了好多圈以后，就翻沉了下去，把全船人都淹死了。

这个故事譬喻凡俗之人也是这样，稍微学了一点佛法，知道了一点佛教修习的方法，记住了一些名词术语，其实不能真正理解其中的含义，所学的佛法等也不能真正加以履行，却自以为已经掌握了佛法，到处为人讲说，使跟他学习的人迷失了关于佛教的正确理解，把修习佛法的禅法等弄得颠倒混乱，终年学习也一无所获。这就像故事中那个自吹自擂的人一样，并非真正地会航海，只能使整条船与船上的商人随他一同葬身大海。

这个大头目的儿子，类似中国战国时期赵奢之子赵括，只会“纸上谈兵”。知识虽然来源于实践，但它毕竟不等于实践，而是高于实践，因此只有书本知识而无实践经验的人，没有不失败的。更重要的是不要稍学一点就自以为全部学会了，要谦虚地对待所学的东西，这样就不会动辄自吹自擂，也不会干出蠢事。中国儒家也说，知之为知之，不知为不知。一个人对待知识和学问，就应该具有这种态度。在现实中，往往是半瓶子水晃荡，满瓶子水不响，因为知识更多的人，会对知识产生一种敬畏之心，认为自己所知甚少，也就不会动辄向人卖弄了。

夫妇食饼共为要喻

——饼比老婆更重要

从前有一对夫妇，有一天他们做了三块饼，两人各吃了一块，余下的一块饼都想自己吃，各不相让，于是他们就用这块饼作赌，说道："我们两人，谁坚持到底不说话，这个饼子就归谁吃。"

说完，两个人就坐在屋里开始一声不吭。过了没一会儿，有一个贼进屋来偷东西了，把他们家值点钱的东西都拿在手里，准备一齐带走。夫妻两人为了信守诺言，坚持不说话，所以就眼睁睁地看着贼偷他们家的东西，谁也不阻止。

那个贼看见他们不说话，胆子更大了，就当着这个丈夫的面调戏他的妻子，丈夫看见了还是不说话。妻子又气又急，只得叫了起来，说："我的丈夫，你简直是蠢货！为了一块饼子，竟看着贼侮辱我也一声不吭？"

丈夫却高兴得马上拍掌大笑说："哈哈，你说话了，还是你先说话了，这块饼子归我了，一点也不给你这个臭娘儿们吃。"

这个故事譬喻凡夫愚人也是这样，为了一点小小的名利，就故意装出冷静而沉默不语，这也是一种故弄玄虚。但这种人由于并不是真正掌握了佛法的精义，所以在他的内心里，还会被各种烦恼的事干扰，并不能真正做到内心清静。一些人想通过佛教找到摆脱苦海的道路和方法，可是又贪恋着世间的荣华富贵和各种享受，同时又以佛法作为一种装饰，向人夸耀。他们不知道用这种态度对待佛教，并不能得到佛祖的保佑，最终还是要受人生烦恼的困惑，还要为此而付出许多代价。就像故事中所说的那个人，为了故弄玄虚，显示高明，眼看着自己的妻子被人调戏也无动于衷，可知这种人明明吃了大亏还自以为聪明。

在现实中，有些人为了贪图小利，哪管被偷受辱。一切贪婪的人，行径大抵如此。这还不能怪他们愚蠢，有时候他们还自以为比别人聪明呢，这才是最可悲的。

共相怨害喻

——宁愿自己先死

从前有个人，不知什么原因和别人结下了怨仇，于是成天总是愁闷不乐。有人问他："你为什么这个样子？"

他回答别人说："有人背后说我的坏的话，气死我了，我要想办法置他于死地。只是一时又想不出什么好的办法，所以才忧愁成这个样子。只要有人能告诉我一个使我的仇人必死无疑的办法，我就快乐了。"

那人说道："办法倒是有一个，就是念一种神秘的咒语，能把死尸说得站起来，命令它去杀这个人。不过这样做也有一害，就是这具死尸在执行你的命令去杀害别人之前，可能首先要把念咒语的你给杀了，这样一来岂不是划不来？"

谁知这人一听，竟然高兴得不得了，马上就缠住这个人请教具体的念咒方法，宁愿冒着自己先被杀害的危险，也希望用这种方法去杀害仇人。

这个故事譬喻世间之人也是这样，由于一点小事而心生怨恨，就想要用阴险的办法害人。结果没害到别人，自己却先受害了。这与故事中的愚人没有不同。

人在愤激之中，常常感情压倒理智。为达到报仇的目的，不惜与仇人同归于尽。这种做法是相当不明智的。这则故事也说明这样一个道理：害人，先害己，冤家宜解不宜结。在现实中，确实有一些人往往不能保持理智和冷静，一时头脑发热，就会做出许多不顾后果的愚蠢行为，并且很快就让自己尝了苦果。这种不顾一切也要害人的念头，一旦在心中产生，就会丧失理智，这对于一个人来说，是最愚蠢的。正确的做法是，用善念主导自己的行为，以德报怨，使冤怨得以化解，看起来是失去，最终得到的却是可以万古不灭、真正成就自身的德行。

效其祖先急速食喻

——祖传秘诀

从前有一个人，他从印度北部来到印度南部，住久了之后，就在当地娶了个妻子成了家。有一天，他的老婆替他做了饭，他端起饭碗就把刚盛到碗里的饭大口大口地急吞下去，好像一个饿慌了的人抢食一样，也不管那饭有多烫。

他的老婆看到他这个样子觉得很奇怪，就问他："这里又没有强盗来抢你的东西，有什么急事，使你慌成这个样子，为什么不静下心来慢慢地吃呢？"

丈夫回答老婆说："有一件好事很秘密，只是不能告诉你。"经他这么一说，倒吊起了妻子的胃口，妻子认为他既然这么做肯定有什么特别的道理。好奇心驱使她再三地向丈夫追问究竟是怎么一回事。

丈夫被追问不过，拖了很久才告诉妻子说："从我祖父那时以来，都是这样吃法，我应该效法他们，所以就吃得这样急，并没有别的特殊原因。"

这个故事譬喻世间凡夫也是这样，他们并不懂得真正的道理，也不知道善与恶的区别，因此会干一些不正当的事，还不以为耻，却说他的祖先就是这样做的，他们一生到头都是这样做人做事，始终不知道悔改。这就像故事中的那个愚人，学着祖先吃饭的样子，以为这是最好的传统要加以继承。

对于过去的东西，应该加以分析，认清其中的精华与糟粕，不能因为它是前人的做法，是传统文化，就全盘接受和继承。前人的许多做法并不见得都合理，后人应该根据理性加以取舍。

从人生的角度看，很多事物都可以给人以多方面的理解。一方面，人的好奇心是很容易产生的，其实很多使人好奇的东西，一旦揭开来就并没有什么神秘的，而过于好奇则是一种负担；另一方面，令人知其然而不知其所以然的传说陋习，对人们行为的影响是相当大的。有些简直莫名其妙，明明知道没有什么道理，人们却照行不误，习惯的力量往往大得令人不可思议。但习惯也是阻碍人认知真理的一个羁绊，因此形成的观念会令人为之苦乐，当真理来临，就只会为了维护观念而不停地抗拒了。

尝庵婆罗果喻

—— 全部都要尝一尝

有一个年长的主人，想吃芒果，就打发他的用人带上钱到人家果园里去买，临行前嘱咐用人说："你要买甜的来，不甜不要买。"用人拿着钱就去了。

到了果园里，那园主说："我园子里的芒果，个个都是甜的，没有一个不好的。你只要尝一个，就知道我说的话没有错。"

用人说："我现在必须一个一个地尝尝，才能决定最后买不买。如果只尝一个芒果，怎么知道其他的甜不甜呢？"说着，他就自己摘下芒果，摘一个尝一口，都是甜的，就都买回去了。

回到家里，主人见每个芒果都被用人咬了一口，觉得恶心，一个也没有吃，全部倒掉了。

这个故事譬喻世人听说佛家的持戒布施能得到富乐，使自己身常安乐，而没有各种灾患，但又不肯相信。他们以为按照佛教所说的通过布施而得福，必须我自己得到了之后才是可信的。目睹世间的贵贱贫穷，都是以前所作所为而得到的果报，不知道举一反三来理解因果关系，认为必须自己亲身经历过才值得相信。一旦命终，财物丧失，就像被用人尝过的果子，最后个个都要丢弃一样。佛家一般认为看不到就不相信的人悟性不好，因为修行属于信在先，见在后，若固执地抱守自己的观念，最终只能耽误自己的提升。

从人生的角度看，要想知道芒果的滋味，必须亲口尝一尝，这本没有错，但错就错在个个都要亲口尝一尝。绝对地相信感受和经验，绝对地不相信推理和判断，这就走向了另一个极端，也是非常愚蠢的。

从科学的角度讲，人们认识事物，应该学会归纳和总结，不可能把全部的事情都做过一遍，才能得出相关的认识。而且就算你能把所有的事情都重新做一遍，也不一定就必然会形成正确的认识。所以要学会接受人类已经形成的正确的知识，在此基础上对新事物形成理性思维和科学的认识方法。这样就不会像故事中的愚人那样，对所有的芒果都亲口尝一尝了。孔子说的举一反三，就是要人们学会归纳的方法。

为二妇故丧其两目喻

——绝对中立

从前有个人，娶了两个老婆。但是，喜悦之中他又很为难，如果和这个老婆接近，另一个老婆就要吃醋，弄得他左右不是，非常烦恼。

平时晚上睡觉，他也是睡在两个老婆中间，正身仰卧，决不把脸和身子侧向任何一边。

有一天夜里，天上下起了大雨，由于房顶上有漏洞，水和泥尘都纷纷掉了下来，恰好都掉在他的眼睛上。因为事先他为自己定好了原则，所以此时他也决不偏一偏头去躲避这些水和泥尘，也不起身，以示绝对中立，不偏袒任何一方。就这样，坚持了一夜，但很不幸，第二天他的两只眼睛失明了。

这个故事譬喻世间凡夫也是这样，他与不正当的人为友，学了一些不好的习惯，这就会让自己也变成不正当的人，从而失去智慧之眼。就像故事中的愚人一样，为了两个妻子而失去了双眼。这个故事强调佛教所说的慧眼，对于人来说是最重要的。两个妻子都不得罪，这与自己的眼睛相比，孰更重要，是不言而喻的。在佛教看来，人应该懂得更深的道理，使自己具有慧眼，这样才能使自己的人生不走错路，不办错事。相比之下，妻子儿女以及财物富贵，都不如这样的慧眼重要。

从人生的角度看，坚持了原则的坚定性，忽视了原则的灵活性，这就是迂腐，最终受害的还是自己。待人公平本没有错，但公平应体现在实质上，而不是表面的机械的公平上，若仅维持这种公平和中立，只能是徒劳的。在大多数情况下，表面和形式上的公平，常常掩盖着实际上的不公平。顾及表面的原则，失去的往往是更珍贵更重要的东西。

唵米决口喻

——死要面子活受罪

从前有个人到岳父家去接自己的老婆，见老婆正在那儿舂米，就趁老婆不注意，偷了一把米含在嘴里。

老婆见是自己丈夫来了，就和他说话。丈夫满口里塞的都是米，不能回答，老婆感到很奇怪，用手摸摸他的两腮，发现是肿着的。她慌忙对父亲说："我丈夫刚刚来，不知怎的嘴突然肿了起来，一句话都说不出来了。"

她的父亲马上去请医生来给他治。医生来了一看，说道："这个病很厉害，必须开刀，才能治好。"于是就开了刀，把嘴巴划开，这时米从嘴巴里流出，事情完全露馅儿。

这个故事譬喻世间之人也是这样，已经做了一些错事，违犯了佛教的戒律，可是还要隐瞒错误，不想让人家知道，更不肯说出来加以忏悔，这样做的结果只能是使自己受到更大的伤害。

人之所以死要面子，最初的原因，往往是出于贪婪。贪了之后，又怕别人指责他，所以才有"死要面子活受罪"的事发生。老子说，天网恢恢，疏而不失。妄图欺骗别人的人，最后只能害到自己。

诈言马死喻

——黑马白尾巴

有一个人，骑着一匹黑马，跟着大伙闯入敌阵去战斗。但是他心里又很害怕，不敢去交战，就用一些血涂在脸上，睡在死人堆里，装作战死的样子。他骑的那匹马，也被别人抢了去。

战斗结束后，他爬起来准备回家，可又一想这样回去没有面子。他就把一匹战死的白马尾巴割下来带了回去。

到了家里，有人问他说："你骑的马到哪里去了？为什么不骑着马回来？"他骄傲地回答说："我的马已经战死了，我只好把它的尾巴割了回来，作个纪念。"旁边的人一看，马上问他说："你的马是黑色的，怎么尾巴会是白色的呢？"

这个故事譬喻世间之人也是这样，自己说要行善，是慈悲心，不吃酒肉，但却杀害众生，并加以虐待。一方面说要行善，同时又在干着丧尽天良的坏事，这就像故事里的那个人，说着谎话，却露了馅儿。这说明佛是要人说到做到，并不是只在口头上讲些道理，如果做不到，那么口说的佛法更是欺骗。世界上往往有这种人，说的是一套，干的是另一套。所以人们不要轻信别人口中的话语，而要仔细观察他的实际行动。事实证明，很多看似神圣的东西，一旦了解了真相，便知它们与神圣相反。

出家凡夫贪利养喻

——下级的对策

从前有一个国王，针对自己国家上流社会中很多人不讲卫生的情况，就制定了一条法律规定：凡在我国境内的人，一律都要洗澡，否则就要受鞭刑，并被罚去做种种苦役。

其中有一位上流绅士，整天提着一个澡盆，对别人说他一天洗几次澡，洗得很干净。实际上，在家里仆人每次给他的澡盆加满水，他马上就把水全部倒掉，还说："我从不洗澡，让国王他自己去洗吧。"

原来他这样只是做个样子给别人看的，目的是逃避刑罚和苦役，嘴上说洗澡洗得很干净，其实根本就没有洗。

这个故事譬喻出家凡夫也是这样，剃了头发，穿上和尚的袈裟，可是内心却充满恶毒的念头，尽干坏事，不遵守佛门戒律。表面上又说得好听，骗取人们的信任，由此谋取更多的物利，还能因为出家信佛而逃避国家的税役。这种人表面是出家人，内心却是坏人，所作所为都是欺骗。就像故事中那个提着澡盆冒充干净，声称遵守国王法律的绅士一样。作为修行的个体，只顶着一个修行的虚名，内心里若不能按照觉者教授的法理去做，那么看起来是欺人，实则最终是自欺。

在现实中，从来都是上有政策，下有对策，古今中外，概莫能外。永远都会有人钻政策和法律的空子，一些人也永远都有办法对付检查，弄虚作假也总是容易得逞。看来最重要的是，一方面要在机制上不为弄虚作假提供机会，不可能实现的规定尽量不做，不可能达到的目标尽量不定；另一方面，法律和规定一旦出台，就必须严格执行，严加督察，力戒作弊。

从另一个方面说，制度在制定之后，就要切实付诸实施，认真执行，谁不按照制度做人做事，就要让他受到应有的处罚。可是现实中许多制度不能得到认真的执行，这就使“上有政策，下有对策”的怪现象一再发生。所以制定制度的人，要好好总结为什么会有这种怪现象，采取有针对性的措施，防止它的重复出现。如果让人们习惯于上有政策，下有对策，那么一切制度也就失去了它的严肃性。这样的社会最终就会走向崩溃，因为已经没有什么制度能够约束人们了。

驼瓮俱失喻

—— 往死里救

从前有一个人，在家里总是用瓮装谷子，他家里还养了一匹骆驼。一天，骆驼把头伸进瓮里吃谷子，不料吃了一会儿之后，头却退不回来了。骆驼急得团团转，主人也不知怎么办才好，一时间烦恼得不得了。

这时过来一个人，告诉他说："你不要着急，我教你一个办法，你只要用了我的这个方法，可以很快使骆驼的头退出来。这个方法就是，你把骆驼的头砍下来，这样头就容易退出来了。"

骆驼的主人听了他的话，认为这是个好主意，就用刀砍下了骆驼的头，这样一来，骆驼的身子和瓮倒是分离开来了，可骆驼的头还卡在瓮里。他索性把瓮给敲破，终于把头给取出来了，于是得意地笑了。

这个故事譬喻凡夫愚人也是这样。他们也向往信仰佛教，想得到佛教所说的种种好处，为此应该遵守戒律，防止做出邪恶的事。但人们仍然贪恋名、利、色、食、睡等快乐，以至于为此而触犯了戒律。在破戒之后，又忘记了佛教的告诫，于是更加放纵自己的情意，以致走到了无恶不作的地步。这样就丧失了佛教所说的两大要门，即乘门和戒门。乘门是指通过领悟佛教的道理而得道，戒门是指通过遵守戒律而得道。这两者都不能做到，那么所谓的信仰，就成了空话。这就像故事中的那个愚人，既杀死了骆驼，又打破了瓮，结果什么也没有得到。

在人生之中，有些人为了达到某种目的，往往是不择手段的，这样就算达到了目的，也没什么意义了。同样，只考虑暂时和局部的利益，忽视长远和整体的利益，也是得不偿失的。骆驼主人的失误在于没有把解决问题当作一个过程来看待，而是顾此失彼。从另一个角度讲，取出骆驼的头，本来是为了保住骆驼，但却采用了砍头保瓮的办法，骆驼的头虽已取出，但骆驼却被害死了，这是办事只见局部而不见整体的片面做法；同时也说明这种人做事时，忘记了根本的目的是什么，以至于造成了行动上的盲目性。既然已经定下了目标，就应该持之以恒，否则就会前功尽弃。

田夫思王女喻

——一厢情愿

从前有一个乡下青年，有一次到都城里去游玩，看见了国王的女儿，觉得她长得非常美丽，在这个世界上简直再也找不到如此美丽的人了。

回到家中，他就害起了相思病，无论白天黑夜，总觉得公主的美貌在眼前晃，怎么也克制不住自己。他想和公主交往，却又想不出交往的途径，但还仍然想啊想啊，不几天人就变得面黄肌瘦的，像是害了一场大病似的。

家中的亲戚朋友看到他一下子变成这般模样，就问他是什么原因。

他人倒老实，就坦白地告诉大家说："我前些日子看到了国王的公主，长得简直和天仙一样，让人心里放不下。我想和她交往，但又想不出办法，所以愁成了这个样子。看来，我如果不能娶她为妻，这条小命非丢掉不可。"

亲戚朋友们对他说："快不要这样说，我们都会替你想想办法的，让你能娶上她。再别愁成这个样子了。"

过了两天，他的病似乎减轻了一些。亲戚朋友们见到他，就欺骗他说："我们替你想尽了办法倒是见到了公主，向她说明了你的情意，可是她不想和你交往。”

这个乡下青年听到这些，突然高兴地笑了起来，大声嚷着说：“我的事成了！我的事成了！”

这个故事譬喻世间愚人也是这样，不考虑时节的变化，不管四季的更替，在冬天播种到土里，希望获得丰收，这样做只会白白费力，而一无所获。世间的愚人修了一点善业，得到一点福德，就以为足够了，认为这样就可修成正果，这就像那个乡下青年想得到公主一样，是根本不可能的。可他自以为这样就行了，可见他的愚蠢已是不可救药了。

从故事的本身来看，当公主不知道这个乡下青年的相思之情时，他犯愁；当知道了但并不愿意和他交往时，他反而高兴地认为事成了。乍看起来，令人不解，似乎其中有某些禅机。细想起来，其实简单，只是他的病情又加重了。他的病，可称为“妄想狂”。过分迷恋于不可能得到的东西，往往会犯这种病。这也说明做事如果不先考虑实际情况，只凭主观愿望，一厢情愿，那就是俗话所说的“癞蛤蟆想吃天鹅肉”，是根本没有指望的。

搆驴奶喻

——公驴身上找奶

从前在边远地区的一处地方，那里的人从来就没有见过驴子，所以都不知道驴子是什么东西。但是他们又都听说驴子的奶特别好喝，并且极富营养，于是他们就到各地去找驴子，找来找去，居然还真的找到了一头公驴。

于是大家争着从公驴的身上挤奶，有的人用嘴去啃公驴的头，认为奶是从那里出来的；有的人捉住公驴的耳朵放在嘴里吸吮；有的人抓住公驴的尾巴不停地抖，以为可以从屁股后面抖出奶水来；还有人捧着一只驴蹄子，以为奶水可以从那里滴下来。更有甚者，还有一个人抓住了公驴的生殖器，大声说道："奶在这里！"并马上用力去挤。

但是，所有这些人忙了半天，累得要死，谁也没能从公驴的身上挤出奶来。

这个故事譬喻外道凡夫也是这样，他们在非佛教的正宗之处听到了一些关于佛教的说法，以为这就是关于佛教的权威解说，由此他们对于佛教的理解就有了不少错误，而他们并不知道。这种情况在现实中是常见的，可以说是被某些歪曲了佛教的人误导了。但他们就以此为真理，去做一些荒谬的事，如裸着身体，忍受着饥饿而不吃饭，甚至还到悬崖上投身，或跳到火中自焚，以为这样就能修成正果。岂知这都是对佛教修习的错误理解，只会让人走上歧途，而不会真正理解佛教的精髓。这种人就与故事中那些妄想从公驴身上挤出奶的愚人一样。

在现实生活中，不了解没见过的东西，是可以理解的。但是，明明不了解而装作了解，则是幼稚可笑的。《涅槃经》里所说的“盲人摸象”讽刺的是只知局部不知整体，而这个故事所讽刺的这些人，连局部都没搞清，就想得好处。

这个故事还说明，要了解事物，必须深入实际，调查研究，弄清楚实际情况，只是道听途说，一知半解，就自以为是，必然要办蠢事。这与“盲人摸象”的故事相似。

与儿期早行喻

——白跑一趟

从前有个人，晚上临睡觉前对他的儿子说：“明天你和我到集市上去一下，我们要拿回一些东西。”

儿子听了，便把这话牢记在心里，一晚上也没睡踏实。第二天清晨，他起得特别早，也没问父亲一声，就自己一个人往集市上去了。但是到了集市上以后，却又不知道到底是拿什么东西。由于赶路赶得急，身上也觉得累得不得了，加上没吃早饭，因此又渴又饿。他只得又跑回家中来问父亲。

父亲见儿子回来了，就责备他说：“你也真是个白痴，一点脑子也不长。为什么不等我一下，就这样没头没脑地空跑一个来回，白白受累，我可不会因此说你是个好儿子！”

这个故事譬喻凡夫俗人也是这样，当有机缘出家信佛之后，他们只想着剃掉头发，穿上袈裟，以为这样就成为佛教信徒了。他们没想到更重要的是要去求明师指点佛法，因此他们就失去了修习禅定等方法以及由这些正确的方法所能获得的种种福德，也就不可能修成正果，白白浪费了时间和精力。这就像故事中的那个蠢孩子一样，空跑一趟，什么也没有得到。世间有不少人虽然已经出家，看起来像是佛门弟子，实际上却对佛学一无所知，也不会有什么功德和收获。虽然有修行的因缘，却因为自己的观念太重，忘记了每个修炼过程中的人都需要不时点拨才能得到正悟，最终只能让自己在歧路上愈行愈远。

这个故事也说明，在现实生活中，做事的时候，如果目标不明确，必然导致行动上的盲目性，人再勤奋也是徒劳的。一想到要得到某种东西，就兴奋得忘乎所以，可见这种人的贪欲有多强，脑子有多笨！

为王负机喻

—— 拿与挑之间的选择

从前有一个国王，有一天，要到御花园里去散散心，就对一个大臣说："你为我拿一把凳子到御花园里去吧，我要在那里休息休息，玩赏玩赏。"

这个大臣觉得替国王拿一把凳子是一件令人感到羞耻的事情，不太情愿，于是就禀告国王说："臣不能拿，只想挑。"

国王看他这样，也不好勉强，就叫人拿三十六把凳子来，装成一担，命令他挑到御花园里去。

他虽然感到挑着吃力，但事到如今也只好挑去了。当时的人都讥笑这个大臣说："看，这也算是一种爱面子哟！"

这个故事譬喻凡夫俗人也是这样。他们看到女人的一根头发掉在地上，则说我要持戒，不能把它捡起来。可是后来又受无明之心的干扰，对整个人身的三十六部位，都不认为是丑恶和肮脏的，还要贪恋着这些不洁的东西，而且根本不知道羞愧，至死也不愿意离开，就像故事中的那个大臣一样，把三十六把凳子挑在肩上，不知道这是人生的负担。这个故事里说的三十六把凳子，就是比喻佛教所说的人身三十六种不洁之物，那些都是人的负担，修成正果之后，就不会再受这三十六种不洁之物的束缚与负累。

就这个故事本身而言，在现实生活中，同样一种行为，有人认为是死要面子活受罪，是犯傻，故事中的人物及当时的人们也是这样看的；但也有另一部分人认为，为了人格的尊严，吃点亏是值得的。这类事情，无论古代现代，也无论是远处还是我们身边，都会经常碰到，只是人们的看法不同而已。这也说明人生在世总有许多不自由的时候，是自己的心放不下种种执着与欲望，而让自己背负着沉重的负担踯躅前行。

倒灌喻

——自己治病

从前有一个人，肛门里面出了毛病，医生来看了之后，告诉他说只有灌肠才能治好。医生于是调好了灌洗药水，准备了灌肠器具，就要准备给他灌。

不料这个医生有点小事出去了一会儿，这个人就等不及了，他认为自己也能治病，就把灌肠的药水端起来喝下肚去。没想到这药水非常见效，马上肚子就胀疼了起来，疼得他直哼哼。

医生回来后，见他这个样子，就问他是怎么一回事，他才说出了真相。医生听后，又气又慌，说他是个傻子，一点道理都不懂。当即给他配了药让他服下去，使他把先前喝下的药水全部呕吐出来，肚子才感到不是那么胀了。

这个故事譬喻凡夫也是这样，他们想按照佛的说法来修习禅定等，想由此而悟得佛所说的深奥道理。但人们往往不容易分辨哪种方法最适合自己，因此选择起来也往往不得要领。这个故事是说人们在修习中，往往因为不了解佛法的根本含义，而在修习的方法上弄错，这样的修习就是盲修瞎炼，长此以往，不会有任何效果。这就像故事中的那个愚人，用错误的方法来服药，不仅不能治病，还会引出更多的毛病。

为熊所啮喻

—— 有毛的都是熊

从前有一对父子和另一个同伴上山去打猎，儿子先走进森林，没料到竟被熊咬了一口，浑身血淋淋的，他赶忙逃出森林，回到父亲身边。

父亲问他怎么伤成这个样子，他告诉父亲说："有一种东西，身上长满又细又长的毛发，是它伤害了我。"

父亲听了这话，就气不打一处来，立即拿着弓箭，跑到森林里去。他看见了一个入山修道的老人家，须眉头发都很长，像个毛人似的，他举起弓来就要射去，说道："好你个长毛的，不要逃，吃我一箭！"

这时一旁的同伴劝阻他说："为什么要射他，这是人，并没有伤害你，要射就射伤害了你儿子的那个东西。"

这个故事譬喻世间愚人也是这样，受到了穿着法衣却没有道行的人的辱骂，于是就想报复，但找错了对象，就使自己的报复伤害了无辜的人。就像故事中的那个父亲，因为熊伤害了自己的儿子，却要射那个仙人。

这个故事告诉人们：熊身上长毛，但长毛的不一定都是熊，部分特征的相似，并不等于全部实质的相同。观察任何事物，都必须全面细致地分清个性和共性，局部和整体，这样才不会弄错对象，从而达到解决问题的目的。从另一个角度讲，人在气愤的时候，往往失去理智，这时候行动就会造成错误的后果。所以人在受辱或其他原因而极度气愤的时候，最重要的是先让自己冷静下来，仔细分析让自己受辱或受害的原因在哪里，是谁让自己受辱和受害的，再根据具体的原因和加害人的情况思考对策，这样来采取行动，才能不失去理智，而使自己的行动取得最好的效果。道法也是一样，同样的表现形式，但却不是个个都能让人得到度化。如何选择，一念之差也许就定下了自己的未来。

比种田喻

——笨蛋种田

从前有个笨蛋想学种田。他跑到田野上去，见一处麦田长得非常茂盛，就问那个农民用的是什么方法能把麦子种得这样好。那个纯朴的农民告诉他说："没有别的特殊窍门，只需要把土地掘松、整平，同时施粪浇水，就可以把麦子种得很好了。"

这个笨蛋回去后，就用那个农民所讲的方法，把自家的田地挖松、整平，也施了粪浇了水，就准备把种子撒到地里了。但他又怕长不出来，于是想了一个办法：请四个人抬着床来到地里，他自己则坐在床上撒种。结果，两只脚换成了八只脚，再加上一个重重的床，最后的效果就可想而知了。

这个故事譬喻凡俗之人也是这样，他们信佛教而守戒律，这就像种田的辛勤耕作一样，会使善良的根芽生长出来，这时他应该向有道行的人请教，以便进一步提高自己在佛学上的修养，使道行进一步提高。可是他们没能这样做，还违犯戒律做了不少坏事，就使刚刚生长出来的善芽像被四个人的八只脚踩死了一样遭到扼杀。

在现实生活中，有些人不能虚心和认真地学习，一知半解，就以为全都懂了，结果只能干出蠢事。而这种人在做着适得其反的事情的时候，还自以为自己学得很好，做事的方法非常高明呢！

猕猴喻

——胡乱报仇

曾经有一只猕猴，被一个大人打了一顿，它无力还手，只好咬着牙忍着。过了一会儿，有一个小孩从他身边经过，这下子它可找到了发泄对象，就猛地扑过去要打那个孩子，说是要给自己报仇。

这个故事譬喻凡夫愚人也是这样，以前自己所嗔怪怨恨的人虽然已经去世了，但对他们的怒气还没有消失，就把怒气发泄在他们的后人身上。这都是佛教所说的嗔恨心不能消除的缘故，而且这种嗔恨的怨气越积越深，就更不能化解了。这就像故事中的猴子一样，被大人打了，却拿小孩子出气。

在现实生活中，也有一些人想复仇却不是找该复仇的对象去复仇，而是找弱小的无辜者出气，这种荒唐的行为，只能说明复仇者的软弱。自己本是弱小而受欺负的，还要去欺负更弱小者，这种胡乱报仇的做法，不仅不能让那个损害你的人受到惩罚，而且会让无辜受到伤害的人对你也产生怨恨之心，无形中就使自己多了一个敌人。况且自己又是弱者，这种情况对自己就更为不利了。所以对于弱者来说，受到伤害时，切不可胡乱报仇出气。最应该的做法，是用善念化解自己心中的愤恨与凶恶，只有学会放弃，才能得到真正的快乐。

月食打狗喻

——受冤枉的狗

从前，阿修罗王看见太阳、月亮很明亮，心中不服气，就用手去遮它们，这样就形成了人们常说的日食、月食。但是，人们仍然还是相信日食和月食之所以发生，是有一只狗在啃吃它们的缘故，因此人们恨死了狗，认为日食、月食会给地上的人们带来灾难。每当日食、月食发生时，天上的狗人们找不着，于是见到地上的狗就打。

这个故事譬喻凡夫也是这样，不知道由于贪、嗔、愚、痴而不明事理，才使自身受到各种苦，对此他们没有正确的办法加以解决，就采用苦行的方法，比如睡在有刺的荆棘上，或者在烈日下暴晒四肢，周围点上火来烤灼自己的身体，以为这样就可以除掉烦恼。这种做法就像在发生月食时怪罪无辜的狗一样，没有找到真正的原因。

人类由于无知和成见，有时明知是错的，也照样做下去，因此，学习真理，走向明智，是我们应该选择的道路。自己认为的不一定是对的，刚开始被认识到的，也不一定是真理。如何消除自己内心的固有观念，才是应该时时思考的课题。

妇女患眼痛喻

——免除痛苦的方法

从前有一个女人，眼睛经常疼痛，日夜呻吟，苦恼得不得了。另外一个和她非常要好的女人看见后，也不禁恐慌起来，自言自语地说道："没想到会这样疼，要是换上我，那是一定受不了的，看来，有眼睛就会有眼睛疼痛。我的眼睛虽然还没有疼痛，但不如现在就把它们挖掉吧，免得将来疼痛起来我受不了。"说完她就要动手挖。这时，旁边有个好心人劝阻她说："如果有眼睛，有的时候会疼有的时候不会疼。但如果没有眼睛，虽然肉体的痛苦不会有了，而精神的痛苦却是终身的。"

这个故事譬喻凡夫愚人也是这样，听说富贵是衰败和患难的根源，就担心如果不按佛教所说的来布施，就会在将来受到贫穷的报应，而做了布施之后，后来由于财富积累得多了，又担心会因此而有苦恼。这都是由于对佛教所说的布施和因果报应没有正确的理解，才产生种种担心。就像故事中的女人一样，不肯忍受一时的疼痛，而要挖掉双眼，以为这样才能免除将来眼睛疼痛的后果。诸如此类，都是没有正确理解佛学的道理而产生的误解，因此会做出不少荒唐的事来。做一个过于谨小慎微的人，只注目于微末的小事情，最终只会与大道擦肩而过。

在现实当中，无病忧病，是精神上的弱者。实际上故事中的这个女人是不会真的把眼睛挖掉的，至少挖眼时的痛苦她就受不了。思想明智的人，不会因为人会犯错误而不工作，不会因为人会生病而不想活下去，而会用顽强的精神去面对现实。即使现实中有着许多艰难困苦，人们也要坚持走完这条人生之路，不会因为人生多磨难，而连人生都予以放弃。如果能这样对待人生，至少就有了一种坚强的生活态度，即使处于贫穷或弱势，也一定能帮助自己逐渐改变生活境遇，使自己逐渐变成一个强者。

父取儿耳珰喻

——耳环与儿子

从前有父子两人，因事一起出远门。路上突然看见远处有一群强盗向他们奔来，想抢他们的东西。儿子的两只耳朵上都戴着真金耳环，价值十分昂贵。现在强盗们来得这么突然，当父亲的怕耳环被抢了去，就用手狠狠地去扯儿子耳朵上的耳环，可是慌忙之中怎么也扯不下来。他急了，为保住这对金耳环，于是拔出刀来把儿子的头砍了下来。

一会儿强盗们走到跟前，看到这场面也觉得莫名其妙，没做什么就走了。强盗们走后，他从地上捡起儿子的头放回到儿子的肩上去，没想到一放上去就滚了下来。

这个故事譬喻凡夫愚人也是这样，由于图名图利，常常捏造一些离奇的说法，而歪曲了佛所说的道理，因此也就不能真正掌握佛对人们的真正启示，也就无法使自己得到解脱。像有些愚人，为了小的名利就故意说些妄语，丧失了出家人所能得到的道果，最终不能脱离苦海。这就像故事中的人为了不失去小小金耳环而砍下儿子的头一样。

在现实世界上，一切视金银财宝比生命更珍贵的人，最终都会失去起码的理智，做出一些傻事。人常说急中生智，而故事中的父亲却急中犯昏，做出了令人闻所未闻的傻事。遇上这样一个做父亲的，儿子也真倒霉。中国人常说，留得青山在，不怕没柴烧。只要人还在，财富会重新挣来，何必为了眼前的一点金钱，就痛下杀手？换句话说，在人生过程中，具有“风物长宜放眼量”的胸怀，眼光远大，就会在紧急之时不为一点小利而采取错误的举动，就会分清什么是大，什么是小，做出正确的抉择。

劫盗分财喻

——不公平和运气

从前有一伙强盗抢到了很多财物，于是他们就按照各人功劳的大小和地位的高低来分赃，每人都得到了一份。其中有一份是用细羊毛织成的衣物，样子也很难看，他们把它分给了一个地位最低的强盗。这个地位最低的强盗拿到这件衣物后，愤恨不平，直嚷嚷说他吃了大亏。哪里想到他拿到城里去卖，竟有很多财主愿意出很高的价钱来买这件衣物。所得的钱比别的那些强盗全体所得的还要多一倍。他不由得高兴地跳了起来，说道："真是谢天谢地啊！"

这个故事譬喻世人不知道布施是不是有善报，就只施舍很少的财物，后来偶然尝到了一点好的福报，又后悔当初为什么不多加布施，不然这时就会得到更大的福报。

世间的事物，很多时候都是形式与内容不一致的，这就往往使人们一时难以得出正确的判断。要想得出正确的判断，必须在实际中检验。忽视了这一点，就会被表象、形式等所迷惑，从而认识不清问题的实质，抓不住问题的要害。至于故事中强盗的恶行，其性质是显而易见的。利弊、得失总是处在不停的转化之中，用患得患失的有求之心面对周围的环境，最终的结果是什么也不会得到。

猕猴把豆喻

—— 为了一粒豆子

有一个小猴子，不知从哪里抓来了一把豆子，一不小心，从指缝里漏了一颗豆子掉在地上。这个小猴子赶忙丢下手中的一把豆子，去寻找掉在地上的那一颗，却怎么也找不到了，只好作罢。

小猴子回过头来去拿那丢在地上的一把豆子时，却发现早已被一群鸡鸭吃得精光。

这个故事譬喻凡夫出家也是这样，当初违犯了一条戒律，不能马上忏悔。由于没有忏悔，于是就会不断放纵自己，到了最后就会违犯所有的戒律。就像故事中的猴子那样，丢了一颗豆子，就把手里全部的豆子都扔掉一样。

丢这忘那、顾此失彼、因小失大，故事中的猴子如此，生活中有的人又何尝不是如此呢！猴子的行为可能是属于条件反射，而人的行为则是缺少冷静的审慎。问题是人们有时根本分不清事情的大与小、本与末、轻与重，以一颗糊涂心，去处理现实中的复杂事务。看来，为人处世的首要任务，是把自己那颗心搞清亮些！

得金鼠狼喻

——正可反，反不可正

从前有一个人，在路上走，看见有一个金铸的黄鼠狼丢在路上。他心里高兴得不得了，就捡起来放在怀中，继续向前赶路。

到了一条河边，他脱下衣服准备渡河，不料这时金鼠狼忽然变成了一条毒蛇。这个人吓了一跳，可是转而又想："我宁可被毒蛇咬死，也不愿把它抛弃！"于是他把毒蛇放在怀中带过河去。他的诚心感动了神灵，毒蛇便又变成了金鼠狼。旁边的人看到了这一切，认为毒蛇放在怀里就可以变成金鼠狼，就找了一条毒蛇来放在怀里，结果却被毒蛇咬死了。

这个故事譬喻世间愚人也是这样，他看到人做了善行就有善报，也就想做一些善行。但他并不是真心出于善心来做善事，而是为了名声或以此换取某种利益。这样来做善行，就是借善行来掩盖自己的伪善，最终并不能让自己摆脱罪恶。就像故事中的愚人捉到毒蛇放在怀中，最终被毒蛇咬死一样。

只知其然，不知其所以然的人，依样画瓢，最终是要吃亏的。同时，好运总是偶然地降在个别人身上，并且是有原因的，不是人人都能走运，根本区别在于要看这个人心底是出于善念，还是为了求得一己之利。所谓"境随心转"、"境由心生"就是这个道理。

地得金钱喻

——不要得意忘形

有一个穷人，在路上拾到了一袋钱，一时高兴得不知怎么才好，就坐在路旁数起钱来，急于知道袋子里究竟有多少钱。

他还没有数完，万万没想到那个失主又找了回来，立即把自己丢的钱夺了回去。这个穷人后悔得不得了，认为当初真该捡起钱袋马上就离开，这样失主就找不到了，自己怎么这样糊涂。现在好了，一场空欢喜。一连好几天，这个穷人都懊恼得不得了。

这个故事譬喻遇佛法者也是这样，虽然遇到了真知正法，却不勤行适当的方法，继续修行种种善业，在突然死去时，还是不免堕入地狱受苦，就像故事中的愚人得了钱又让失主把钱拿走一样。正如一首偈语所说的：今日为了小名而做这件事，明日为了小利又做那件事。贪图着快乐而不考虑以后的痛苦，不知不觉之中死神就来到面前了。一生匆匆忙忙地经营繁多的事务，世间的凡人无不是这样。就像那个数钱的人，他的故事也是这样。

意外之财本来就不该得，这个人的烦恼可以说是自找的。若从这个穷人的角度去看，可以说他是在错误的时间、错误的地点，干了一桩错误的事。这样的教训即使吸取了，也不会有经常实践的机会。聪明人则不然，一来其做事周密完备，不会后悔；二来不为过去的事懊恼，总是积极地面向未来，寻找新的机会。如果得到了真理，那么就应该心无旁骛地去践行。当初释迦牟尼为了寻求真理，金钱财富、权力地位统统可以放弃，对于一般人来说，还固执地抱着只能令自己在邪恶的泥潭里越陷越深的那些虚无的东西做什么呢？

贫人欲与富者等财物喻

——欲望与失望

有一个穷人，通过自己辛辛苦苦地做工，积蓄了一点点的钱。他看到了一个大财主，心中就产生了一种想法，禁不住自言自语："我的钱财和这个大财主一样多就好了。"可是相比之下，他也知道差得太远，永远也不会赶上大财主的水平。于是他就十分灰心丧气，想把自己的这一点点钱扔进水里算了。

幸亏这时旁边有个人出来劝阻他，对他说："你的钱虽然少得很，但也足可以延续你几天的生命呢，何必要赌气丢在水里呢？"这样，他才没丢。

这个故事譬喻世间愚人也是这样，一个人出了家，稍微得到了点好处，心里就产生了一种奢望，而总感到不满足，认为自己为什么不能像那些高道大德一样受到人们的尊敬和供养？他又看到佛教中有一些著名的高僧，有着很高的声望，受到许多信众的崇仰，因此心里就想，我也应该和这种高僧一样受人敬仰。现实中他不能像这种高僧一样受人尊敬，于是就不想继续修习佛法了。这就像故事中的穷人要与富人攀比，最后气得连自己的一点钱财也想扔到水里去。

做任何事，都要循序渐进，坚持不懈地不断积累：财富要一点一点积聚，知识要逐步增长。正如《老子》里所说的：“合抱之木，生于毫末。九层之台，起于垒土。千里之行，始于足下。”这个穷人不明白这个简单的道理，所以自寻烦恼，索性连自己已经积聚的一点点财富也不要了。难道丢掉了这一点点钱，就能丢掉了他的烦恼吗？其实未必。不敢正视现实，可以说是弱者的表现。欲望本身并没有过错，控制在一定的“度”内就会转化为上进的动力，失去了控制往往就会导致失望或犯罪。

一步登天固然不可能，但意识到不可能之后就彻底放弃则更是不可取；只有正确认识自己，才能有一个最适合自己的要求来督促和约束自己前进的脚步。当下的差距并不能代表什么，若自己执着于不停变化的结果，那么就空空耗费了自己的时日，最终追悔莫及。

小儿得欢喜丸喻

——各取所需

曾经有一个保姆，抱着一个小孩赶路，因为走得很累了，就坐在路旁休息，结果不知不觉中睡着了，而且睡得很沉。

这时，走过来一个人，拿着几个欢喜丸子给这个小孩，小孩接过欢喜丸子就吃，吃得有滋有味，全然不顾身上的东西了。这个人于是开始动手解下这个小孩佩戴的银项圈、小金手镯和其他贵重的饰物，然后逃之夭夭。这样，三个人各取所需：保姆好好地睡了一觉，养足了精神；小孩吃下了欢喜丸子，满足了口腹之欲；骗子则以最少的代价，骗取了贵重的东西。

这个故事譬喻一些出家人也是这样，喜欢在事务繁忙的热闹地方表现自己，以求让人们关注自己，由此获得一点供养。但这样做就会因为做事时内心存有不正当的念头，而使自己在佛教上修习所得的善果全都丧失，这就像故事中的那个小孩子，由于贪吃一点美味的点心，而使自己的贵重物品都被盗贼拿走一样。

如果说小孩为吃东西而上当是天性的话，那么成年人上当，则多是由于贪欲所致。所以说能够把握住自己，知道什么时候应该去做什么，不受外物利益、诱惑的左右，才是最难的一件事。

老母捉熊喻

—— 好心人上当

有一个老太婆，躺在树下睡觉，来了一头熊要吃她。老太婆很机警，绕着树和熊兜圈子。绕了许多圈子之后，熊用一只爪子抱着树，另一只爪子来捉老太婆。老太婆急中生智，一边拼命抱着树，一边把熊的爪子紧紧地按在树上，使熊动弹不得。但老太婆也不能松手，两下里僵持着。

这时有个过路的人来到了这里，老太婆对这个人说："你快过来和我一起杀死这头熊吧，我们平分它的肉。"当时这个过路人就相信了老太婆的话，马上跑过来要帮她捉这头熊。老太婆见这个人走了过来，竟然立即松开手，自己逃走了，逃走时还说："这个人，真是大傻瓜！"过路人随即就被熊纠缠上了，虽然知道上了当，却也只好和熊搏斗了起来，十分狼狈。

这个故事譬喻凡夫也是这样，他们喜欢写作，在文章里面发一些奇谈怪论，所说的内容既不完备，文字也俗陋不雅，甚至没有精心完成，就扔下来不管了。如果有人想对这种奇谈怪论加以解释，却无法准确了解其中的意思和背景，反而会被它困住。这就像故事中的愚人替人捉熊，不仅捉不到熊，反而被熊困住而不能脱身了。从直观的角度看，这个过路人陷入困境，有人指责是贪便宜所致，其实救人之难恐怕是首要原因。倒是这位老太婆很不厚道，嫁祸于人，损人利己，这种行为令人不齿。在人生的智斗中，善良的人总是吃有一肚子鬼点子人的亏。放在佛学的角度，不能坚守自己的信念，而在林林总总的理论中左右摇摆，结果就是自己也被困得动弹不得；始终如一地遵循正道，才是修行之本。

摩尼水窦喻

——错误理解

从前有一个人，和别人的妻子勾搭成奸。一次他正在那个女人房间里幽会，不料那女人的丈夫回来了。女人的丈夫发现自己家里的情况，于是他就守候在门外，准备等那个男人出来的时候就杀死他。

在屋里，那女人对他的情夫说："我的丈夫已经发觉了我们，你现在从门口是走不出去了，只有'摩尼'可以帮助你出去。"在印度语中，"摩尼"有两个意思，一是"水沟"，一是"宝珠"，女人显然是要他从水沟中爬出去。

这个人听到女人这么一说，就理解为只要找到宝珠就可以出去了。于是他就一心一意地在屋里四处寻找宝珠，嘴里还说道："我一定要找到你，找不到，我就出不去了！"结果还是没有找到。在外面早已等得不耐烦了的女人的丈夫，冲进屋里，把他杀了。

这个故事譬喻凡俗之人也是这样，他们对于别人所说的观点并不能真正理解，而是望文生义，形成错误的解释。就像故事中的愚人那样误解了妇人的话，结果使自己丧失了性命。

有人看到这则故事，认为这个偷情之人被杀是贪财的缘故，其实这是一种误读。这是一个忙中出错的典型，语言的歧义把他引上了死亡之路。所以，不管在任何时候，听人说话，一定要把他本来的意思搞明白，否则自以为是，惹下大祸，可就晚了。在语言的实际使用之中，一词多义是非常多见的，人们要准确地理解一句话的本来意思，一定要看这句话的具体语境。不过人们之所以会对一句话产生误解，还有一个重要原因，那就是人们往往出于一种贪心或是怀着某种不良的居心来理解这句话。如这个故事中的那个偷情的男人，把妇人所说的“摩尼”理解为宝珠，就是有了贪求宝珠的欲望。

二鸽喻

—— 恩怨雌雄鸽

有雌雄两只鸽子共同住在一个窝里，一起觅食一起生活。到了秋天各种果子成熟的时候，他们采来很多果子，把窝里堆得满满的。

当时秋高气爽，天气干燥，几天之后，果子都干瘪了，像是就剩下半窝。雄鸽不知这是如何造成的，就责备雌鸽说："采果子是我们一起辛苦干的，你怎能独自偷吃呢？而且还吃了这么多，只剩下一半了。"雌鸽受到冤枉，十分生气，只好辩白说："我确实没有独自偷吃，是果子自己少的。"

任凭雌鸽怎么辩白，雄鸽就是不信。他十分生气地责骂说："还不承认！不是你偷吃的，怎么就莫名其妙地减少了呢？"

说完，马上就用他的尖嘴啄了过去，只一下就把雌鸽啄死了。

没过几天，天上下了一场大雨，果子得了潮气，马上膨胀了起来，又和从前一样多了。

这时雄鸽终于明白了先前果子减少的原因，心里非常懊悔，说道："她的确没有吃过，是我错怪了她！"

从此，他悲伤得不得了，天天喊着雌鸽的名字说："我的好伴侣，你到哪里去了呀，你到哪里去了？"

这个故事譬喻凡夫也是这样，他们内心里存在着虚妄的念头，追求不应贪求的欲望，不理解佛家的深刻道理，因此违背了佛教的种种戒律，犯了杀、盗、淫、妄恶行。在恶果出现之时才后悔早先不该做那些坏事，可是已经来不及了。这就像故事中的雄鸽的后悔悲伤一样。

人生在世，往往是失去了之后，才知道珍贵。造成这一悲剧的原因，就是只从表面看问题，不深入了解实际，妄下结论，随意处置。很多损失一旦造成了，是绝不可能弥补的。鸟禽之间如此，人间情怀亦是如此。只有洞彻大千世界中种种变化的道理，才能让自己的心智不再迷失。

诈称眼盲喻

——代价要有限度

从前有许多工匠，被国王强行征去服劳役，国王待他们很苛刻，使他们苦不堪言，很多人就这样累死了。

其中有一个工匠，脑子比较机灵些，假装眼睛瞎了，国王听信了他的话，就免除了他的劳役，让他回家。

别的一些工匠，得知这一消息后，也想学他的样子，打算把自己的眼睛弄瞎，以逃避这种苦役。

正当他们打算这么干的时候，有个人连忙出来劝阻大家，说道："想逃避苦役是对的，但不一定非用弄瞎自己眼睛这一方法不可，这会使我们终身痛苦的。"经他一劝，大家这才作罢。

这个故事譬喻凡夫也是这样，为了得到一点名誉，或是获得一点好处，就昧着良心说假话，在死后会受地狱之苦。这就像故事中的那些工匠师傅，想逃避国王的苦差，就把自己的眼睛弄瞎一样，为了得到不为国王服役的好处，就干了让自己受更大痛苦的蠢事。在现实中，人们往往不会想到做了坏事会有恶果，因此就心安理得地干坏事。而在这个故事中，则直接让人们看到为了某种好处而干蠢事的恶果。人们如果能联系自己在现实中的所作所为，就应该从中吸取应有的教训。

在现实生活中，脑瓜机灵的人，总是走在别人的前面；而忠厚本分的人即使想学机灵也难，因为他们想学习的并不一定是完全了解真相的，而是完全从善良的角度去理解的，实打实的，因此学习或模仿所要付出的代价就很大。还是那句老话：该是什么人就是什么人，学是学不来的。只有心无挂碍，以诚意与善良去面对该做的事情，不欺诈不隐瞒，才能真正达到最终的目的。

为恶贼所劫失氎喻

—— 朋友更害人

有两个朋友一起出门，经过一处荒野，突然遇到了一伙强盗。一个人很敏捷地逃开了，躲入一处草丛中，强盗们没有看见。另一个人来不及逃走，被强盗们抢去了一件披在肩上的衣服。这个被抢的人，原来还有一块金子藏在衣服里，他心有不甘，因此对强盗说："这件衣服大约值一小块金子的价值，我现在想用这块金子，赎回我那件衣服。"强盗问："金子在哪里？"

这个人就从衣服的领头里取出金子来给强盗看，并说道："这可是真金啊！你如不信，那边草丛里就有一个好金匠，是和我一块儿出来的朋友，你可以去问问他。"强盗们一听，就知道草丛里还有一个人，最后除了衣服和金子之外，强盗们还把草丛里那个人的衣服也给剥了去。

这个故事譬喻凡夫也是这样，他们有时也能听信佛教的劝诫，而做一些修习或功德，但不能从根本上遵守佛教的戒律，不能深刻理解佛教的道理，所以最终还会有种种烦恼，于是所做的修习和功德，也就会丧失效果。本来应该得到的利益，也会丧失。就像故事中的那个躲藏起来的人一样，他所得到的金子，最后还是会失去；学佛的人失去的，则是更珍贵的东西，那就是自己的善良本性。

在现实生活中，有人为了自己的利益，天真地希望强盗也和他一样迂腐，并不惜出卖朋友，这样的人实在可笑可悲又可怜。天下人绝不可找这样的人做朋友。然而真正的朋友，只有在危难时才能识别出来，等你识别出谁是真朋友时，你可能已经受了假朋友的害了。

要强盗发善心是不可能的。如同与虎谋皮，相互有根本利益的冲突，不可能谋得一致的想法。

小儿得大龟喻

—— 杀它反而活了它

从前有一个小孩，独自玩耍时捉到了一只大乌龟。他想杀死这只乌龟，但又不知该用什么方法，就去请教别人。别人告诉他说："其实好办，你只要把它丢进河里去，它就会死的。"小孩相信了他的话，把乌龟拿起来丢进了水里。但是乌龟到了水里以后，不仅没被淹死，反而十分灵活地游走了。

这个故事譬喻凡夫愚人也是这样，本来他想守护六根（眼、耳、鼻、舌、身、意），而来修习各种功德，但不懂得应该怎样修习，就去问人："要靠什么样的因缘来修行这些功德，才能让自己得到最终的解脱？"但所询问的人并不是真正懂得佛教道理的人，而是一些违背佛教道理的人，所以他们告诉他的方法就不是正道，比如让他面对色、声、香、味、触、法六尘时放任自己的心意，不要约束自己，对于财、色、饮食、名誉、睡眠等五欲，可以尽量追求，这样去做，就能得到最终的解脱。显然这是不可能的，但由于凡夫愚人没有智慧，他们并不知道这种说法是引自己走向邪路，于是就按这种说法去为人处世，结果使自己犯了许多罪行，不可能得到解脱。

在现实生活中，如果不了解某种事物的特性，就不能妥善地处理好相关的事情。按理说，自己不懂，就去请教别人，但对别人的意见应该加以分析。这话本没有错，可是这种要求对小孩未免太高了点。对成年人来说，如果对别人的意见都完全相信，则等于使自己回到了孩提时代。实际上，许多成人也不会比故事中的小孩子更有理智，对于别人的说法，总是缺乏足够的分析和判断能力。对于各种各样的诱惑引起的欲望，有理智的人在内心里应该知道怎么去遏制与消除，而不是在片面的意见中继续放纵，否则只会从根本上断绝自己的向善之路。

偈颂

在《百喻经》的最后，有一首《偈颂》作为全书的结语，说明了撰作这部经书的用意所在，原文如下：

此论我所造，和合喜笑语。
多损正实说，观义应不应。
如似苦毒药，和合于石蜜。
药为破坏病，此论亦如是。
正法中戏笑，譬如彼狂药。
佛正法寂定，明照于世间。
如服吐下药，以酥润体中。
我今以此义，显发于寂定。
如阿伽陀药，树叶而裹之。
取药涂毒竟，树叶还弃之。
戏笑如叶裹，实义在其中。
智者取正义，戏笑便应弃。

尊者僧伽斯那造作《痴华鬘》竟。

偈语的意思是：

这部书是我编成的，把一些令人发笑的故事聚合在一起。

字面上看似多是嘲笑愚人，但这正是实话实说，读这部书应该看其中的道理是不是合乎佛理。

这好像苦口的良药，为了治病，在服用时要加上一点冰糖来调和味道。

苦口的良药有利于治病，这部书的用处也正是这样。

在宣讲佛法时要有趣味性，就像在苦药中加上了糖。

按照佛教正法以求获得寂定，让佛法的智慧之光普照人间。

就像服用剧烈的呕吐药物，可以滋润洗净人体的内脏。

我现在根据这个道理，在寂定中来显发佛教的正法。

又像能治疗众病的阿伽陀药，要用树叶把它包好。

等到药已经用在毒疮上，那么包药的树叶就可以抛掉。

戏笑的言语就像是外面的树叶，而真正启迪心智的内涵包在里面。

智慧的人使用了阿伽陀药来治病，由此感受到快乐后就把包药的树叶扔掉。

尊者僧伽斯那所作的愚人故事集《痴华鬘》到此结束。

这首偈语说明了作者用令人发笑的愚人故事来说明佛教的正理，让人从中认识到一些深刻的道理。所以人们在阅读《百喻经》时，不能光把它当作笑话来看，最重要的是从这些故事体会到其中所包含的深刻道理，不要像中国古代笑话中所说的那种人，花钱买宝珠，却只要装宝珠的盒子，而把里面的宝珠还给了卖家。故事本身固然能带来会心一笑，但体悟故事隐含的道理，并能够真正地理解佛的教诲，应用到自己时时刻刻的思想言行上，才是这部《百喻经》的意义所在。

图书在版编目（CIP）数据

慧眼观人生 ：会心一笑《百喻经》/ 刘韶军，李晓明著 . — 郑州 ：海燕出版社，2013.12（2017.2 重印）
（华夏文库）
ISBN 978-7-5350-5614-6

Ⅰ. ①慧… Ⅱ. ①刘… ②李… Ⅲ. ①佛经 ②《百喻经》- 通俗读物 Ⅳ. ① B942.1-49

中国版本图书馆 CIP 数据核字 (2013) 第 187021 号

华夏文库 经典解读系列

慧眼观人生

——会心一笑《百喻经》

刘韶军　李晓明 著

出版发行：海燕出版社
（郑州市北林路 16 号　450008）
发行热线：0371-65734522
经　　销：全国新华书店
印　　刷：恒美印务（广州）有限公司
开　　本：635 毫米 ×965 毫米　1/16
印　　张：11.5 印张
字　　数：85 千字
版　　次：2013 年 12 月第 1 版
印　　次：2017 年 2 月第 4 次印刷
定　　价：17.00 元